县域农业特色产业
创新发展与政策研究

林　涛◎著

科学技术文献出版社
SCIENTIFIC AND TECHNICAL DOCUMENTATION PRESS
·北京·

图书在版编目（CIP）数据

县域农业特色产业创新发展与政策研究 / 林涛著. —北京：科学技术文献出版社，2018.8

ISBN 978-7-5189-4769-0

Ⅰ.①县… Ⅱ.①林… Ⅲ.①县—区域农业—农业产业—产业产展—研究—中国 Ⅳ.① F327

中国版本图书馆 CIP 数据核字（2018）第 190386 号

县域农业特色产业创新发展与政策研究

策划编辑：郝迎聪 责任编辑：李 晴 廖晓莹 杨瑞萍 责任校对：文 浩 责任出版：张志平

出 版 者	科学技术文献出版社	
地 址	北京市复兴路15号 邮编 100038	
编 务 部	(010) 58882938，58882087（传真）	
发 行 部	(010) 58882868，58882870（传真）	
邮 购 部	(010) 58882873	
官 方 网 址	www.stdp.com.cn	
发 行 者	科学技术文献出版社发行 全国各地新华书店经销	
印 刷 者	北京虎彩文化传播有限公司	
版 次	2018 年 8 月第 1 版 2018 年 8 月第 1 次印刷	
开 本	710×1000 1/16	
字 数	200千	
印 张	12.25	
书 号	ISBN 978-7-5189-4769-0	
定 价	56.00元	

前　言

"三农问题"表现在多个方面，有制度方面的、经济方面的、社会方面的、农民素质方面的，也有农村文化方面的。每个方面的改进都是对"三农问题"的改善。但是若要从根本上解决"三农问题"，从长远来看，必须依靠县域农业特色产业创新发展的带动。因为"三农问题"表现突出的县域，都是以农业为主、经济相对贫困、发展相对落后的县域，这些县域从根本上解决"三农问题"、摆脱贫困落后的措施，就是培育和扶持县域农业特色产业，使其创新成长，进而持续带动县域经济繁荣，农民增收致富。而这也是我国广大农村脱贫攻坚的治本措施，也是广大农村全面建成小康社会的必由之路。

国内外很多地区的发展实践经验印证了依靠科技的力量促进县域农业特色产业发展确实是解决"三农问题"、实现脱贫攻坚的有效途径。通过近20年我国县域农业发展实践看，我们党早就认识到抓好农业产业创新过程，是提升产业发展水平、优化产业结构、转变产业发展方式、促进经济增长的重要手段。早在2003年，科技部、财政部就联合组织实施"科技富民强县专项行动计划"（以下简称专项行动）试点工作，从国家财政中拿出一批资金，每年资助一批特色县市，支持县域农业特色产业创新发展，成效显著。

当项目启动初期，笔者有幸参与了这项伟大工程，感觉这项专项行动计划意义重大，对受资助的县市农业特色产业发展起到了及时雨的功效，也目睹了受资助县市农业特色产业一步一步地得到发展壮大。随后，笔者借攻读博士学位之机，以县域农业特色产业创新发展模式研究为题开展了博士学位论文研究，一是对县域农业特色产业创新发展的过程和模式进行理论凝练；二是对专项行动计划成效进行梳理总结。

本书即研究成果的一个总结，主要是从理论上探讨县域农业特色产业创新发展的模式，实践上对专项行动的实施效果进行分析，结果印证了笔者的观点，即必须依靠科技发展县域农业特色产业，才能从根本上解决和改善

"三农问题"，打赢脱贫攻坚战。正是考虑到本书的价值对当下县域农业特色产业发展仍具有指导意义、对当前科技扶贫工作仍有较好的借鉴和启示，笔者才决定将研究成果集结出版。

本书是以科技部、财政部组织实施的专项行动试点工作为实践经验，采用系统分析的思路，以产业创新理论为指导，在进行实地调研、统计分析和案例研究的基础上，对现阶段我国县域农业特色产业创新问题进行了较为系统的研究，主要研究内容如下。

①界定了县域农业特色产业创新的内涵、特征和条件。根据对专项行动试点工作的总结分析，将它视为由政府主导的县域农业特色产业创新活动，是一项县域农业特色产业新技术成果转化的系统工程，并提出了县域农业特色产业创新的特征；依据 2004 年全国县（市）科技工作问卷调查数据和 398 个专项行动试点县（市、区）[以下简称试点县（市）] 数据，统计分析了我国现阶段县域农业特色产业创新的条件。

②在实地调研和 5 个案例研究的基础上，构建了县域农业特色产业创新情景图，并将其视为县域农业特色产业新技术成果价值的增值过程，从而建立了县域农业特色产业创新模型。

③根据县域农业特色产业创新模型，提出了这个价值增值过程中存在的五重链接困境，并根据对专项行动试点工作的成功经验和做法总结，给出了五重链接困境相应的突破路径和 12 个典型实例。

④从政府推动与市场机制相结合和建立健全县域农业特色产业创新体系角度，提出了相关政策建议。

⑤对湖南省和江西省县市区开展调研实践活动，分析两省县域农业创新发展的主要亮点、问题等发展情况，并以江西省兴国县为例，提出集聚创新人才，增强县域农业发展科技力量，强化科技与县域农业发展的融合，打造县域发展新引擎等。

本书出版过程中得到了很多领导、同事和朋友的帮助。感谢科技部的同事给予的热情鼓励和重要指导，让我对县域农业产业创新这一主题的认识不断深化。感谢河北工业大学有关老师和同学的大力帮助和通力合作。感谢家人的付出，在精神上给予我前行的力量。

由于笔者的研究能力有限，本书只是对县域农业特色产业创新发展这一重大主题的初步探索，书中难免有疏漏和不当之处，敬请读者批评指正。

目 录

第一章 绪 论

1.1 研究背景

"三农问题"已成为我国新时期社会经济发展的薄弱环节和制约因素，受到了国家高度重视。我国是一个农业大国，农业在国家具有基础性、战略性支撑地位。改革开放以来，我国始终高度重视"三农问题"的解决，不断加大对农业产业的支持，提出了一系列发展农业、解决农村和农民问题的重大举措。特别是近年来，在新时代中国特色社会主义思想理论指导下，党中央和国务院采取了强有力的战略举措。例如，2004—2018 年连续 14 个国家一号文件持续关注"三农问题"。以 2004 年"中央一号"文件强调"要调整农业结构，扩大农民就业，加快科技进步，深化农村改革，增加农民投入"作为开端，国家改变了以往"以农补工"的做法，实现了"以工促农"的方向性转折，开始不断加大对农业领域的投入力度、持续推动农业和农村经济结构调整，深化农村改革；在宏观层面的"促进农民增收致富"思路明确后，国家开始从中观产业层面"夯实基础，发展现代农业"和微观组织层面"创新农业经营体系"不断推进。尤其是 2012—2017 年，"中央一号"文件不断强调实现农业现代化要依靠"科技"力量。

解决"三农问题"的根本出路在于发展县域经济。"民为邦之本，县乃国之基。安邦之难，难在固本；治国之难，难在强基。"自古至今，县域始终是我国政治、经济和社会系统中的基本单元，是"三农问题"的载体。我国县域内国土面积占全国国土面积的 94%，县域内人口占全国人口的 73%。县域经济在我国经济发展中占有举足轻重的地位。可以说，没有县域经济的大发展，"三农问题"的解决就将变为一句空话。因此，发展县域经济是解决"三农问题"和全面建设社会主义和谐社会的有效切入点和重要途径。

当前，我国广大地区，特别是河北省、江西省和甘肃省等中西部地区，

由于受自然地理条件、文化历史与传统、经济基础等诸多因素的影响，除少数发达县及部分贫困县外，大多数县域经济欠发达。主要表现为：工业基础薄弱；居民生活水平较低，基础设施建设相对滞后；产业结构层次偏低，资源开发深度不够；劳动力资源整体素质不高；经济发展以简单的规模扩张为主，科技进步对经济增长的贡献度不高等。因此，落实科学发展观，依靠科技进步，加快我国县域经济发展，是解决"三农问题"面临的一项十分重要而艰巨的任务。

依靠产业创新培育和壮大我国县域特色产业，是发展县域经济的必然选择。许多发达县（市）发展县域经济的实践和历程充分表明，县域经济的发展有赖于培育和壮大县域特色产业。当前，县域特色产业绝大多数是农业。依靠科技进步，走通过产业创新培育和壮大县域农业特色产业的道路是一条成功的、又好又快的途径。因此，通过产业创新培育和壮大县域农业特色产业是我国新时期发展县域经济的着力点和有力抓手。但是，长期以来，由于种种原因，对县域农业特色产业科技进步投入严重不足，导致特色产业技术水平较低、产业技术升级速度缓慢、产业的规模和效益不高。这既为产业创新提供了充足的空间，又成为县域农业特色产业创新发展的制约因素。

"科教兴国"战略落实到基层，强化县（市）科技服务能力，国家重点在中西部地区和东部欠发达地区开展科技富民强县专项行动计划，依靠科技进步，培育、壮大一批具有较强区域带动性的特色支柱产业。专项行动在实践中打开了县域农业特色产业创新活动的新篇章。1949—1980年，我国政府一直在努力建设和完善农业科研、推广体系，尽管受到了政治运动的影响，我国仍然建立起了世界上规模最大的农业科研、推广服务体系。改革开放之后，随着家庭联产承包责任制的推行，我国农业科研、推广体系开始受到市场机制的冲击，之后的公共研究机构改制使其受到的影响更加严重。许多农业科研、推广机构陷入资金和人才的断档期，农业科研、推广体系陷入第二次"线断、网破、人散"，有限的政府支出被用于主题散乱的科普培训等活动上，农业产业创新活动难以为继，由于农业产业创新活动对县域经济的支撑作用逐渐减弱，县级政府对农业科研、推广的投入意愿也越来越低，农业产业创新活动陷入了恶性循环。2005年，科技部、财政部共同启动实施的专项行动在实践中打开了县域农业特色产业创新活动的新篇章。它强调依靠科技进步，培育、壮大一批具有较强区域带动性的特色支柱产业，有效带动农民致富和县（市）财政增收，从而实现县域经济社会的全面、协调、可持续发展。专项行动重点关注县域农业科技成果转化推广能力的提高，根据当地和重点科技项目的科技需求，有针对性地引进大专院校和科研院所的先进适用技术成果，在示范的基础上，向周围企业和农民辐射推广，使技术成果为农民增收和企业发展发挥有效的作用；同时，专项行动更突出县（市）政府在农业特色产业创新中的主导作用，强调要立足本地资源特色和优势，以政府为主建立健全科技服务体系，提高科技公共服务能力，为基层提供有效的科技服务。根据科技部 2008 年数据统计，项目覆盖农民 6195.8 万人，培训各类人员超过 1324.6 万人次，应用技术成果 39 778 项，项目实施区农民人均纯收入比周边地区提高 480 元，推广面积 3515.3 万亩，全国 592 个试点县（市）合计新增财政收入 97 亿元，平均每个试点县（市）财政增收 2428.1 万元，累计安置就业人数 1655.5 万人。

尽管我国在依靠产业创新培育和壮大县域农业特色产业方面已经进行了大量的实践，出台了一系列政策和措施，取得了显著的成效，同时对实践的成功经验进行了认真的总结和理论提升。但是，面临人民日益增长的美好生活需要和不平衡不充分发展之间的矛盾，面对日趋复杂的国内外市场竞争环境、新技术与现代农业的发展趋势和加快富民强县的需要等新形势，进一步探索新时期依靠产业创新培育和壮大我国县域农业特色产业的机制和模式，加快"三农问题"的解决，仍然是迫切需要解决的重要问题。

1.2　研究目的与意义

1.2.1　研究目的

从理论角度看，国外对农业产业创新的研究是将农业技术成果等同或者近似视为商业技术，从而用工业创新的研究思路进行分析和类比。由于我国农业的脆弱性、农业技术成果的公共性、农户的弱质性及农业技术市场不健全等特殊因素，使国外的研究成果对我国农业产业创新活动的指导和借鉴意义不大。国内对农业产业创新的研究成果主要集中在农业技术成果本身、技术成果交易和技术开发与推广使用主体及基层农业科技服务等方面，多是针对农业科技成果转化的某一个角度或某一问题的研究，缺乏全过程、多角度的系统研究。

从实践角度观察，中华人民共和国成立以来，尤其是改革开放之后，随

着家庭联产承包责任制的推行和公共研究机构改制，使我国农业科研、推广体系受到市场机制的冲击不断加剧，许多农业科研、推广机构陷入资金和人才的断档期，使农业产业创新活动乏力，进而导致以农业为主导产业的县域经济增长缓慢。虽然我国在依靠产业创新培育和壮大县域农业特色产业方面已经取得了一些成绩，但仍存在着很多问题，如县科技管理部门职能缺失、条件落后、产业技术积累困难、农业科技成果转化率低、成果推广工作开展困难等。

针对"为什么农业技术成果转化不理想？表现为慢、少、效果不高"的问题，本书以专项行动试点工作为实践经验，采用系统工程的思路，以产业创新理论为指导，在进行实地调研、统计分析和案例研究的基础上，对现阶段我国县域农业特色产业创新问题进行了较为系统的研究，认为县域农业特色产业创新过程是农业新技术成果选择、导入、本地化开发、示范、推广及产业化经营的过程，整个过程分为 6 个阶段，每个阶段都存在一定的困境。并在理论上提出新时期政府推动与市场机制相结合的农业新技术成果转化新机制和通过技术创新及与市场创新、组织创新和制度创新集成的特色产业创新模式。

本书的研究成果深化了对新时期县域农业科技成果转化过程的机制和模式的认识，在实践上总结了专项行动试点工作的成功经验和做法，提炼典型案例指导实践工作，探索新时期如何依靠产业创新有效延长产业链和提高产业化经营水平，对推广县域农业特色产业发展机制和模式具有重要的理论意义和实践意义。

1.2.2 研究意义

选择"县域农业特色产业创新发展与政策研究"作为研究题目，针对县域农业科技成果转化慢、少、效果不高等问题，在理论角度提出新时期政府推动与市场机制相结合的新机制和通过技术创新及与市场创新、组织创新和制度创新集成的特色产业创新模式，深化了对新时期农业科技成果转化过程的机制和模式的认识。从实践角度指出了农业技术成果转化困境的突破路径，提出了对农业产业创新的相关政策建议。

本书是对农业产业创新理论体系的有益补充。在半个世纪左右的发展过程中，对于创新经济学的研究主要以工业技术创新作为研究对象，是研究工业技术创新机制和过程的经济学，对农业创新的过程和机制的经济分析还较少，还没有形成系统的理论框架。然而，农业创新的实践已提出一系列实际问题，需要进行理论阐释。

本书以专项行动为实践背景，把我国专项行动试点县（市）的县域农业技术成果转化看作无创新源的农业产业创新过程，这个产业创新过程视为一个多主体参与、多环节链接构成的一个复杂系统过程。通过描述这个过程，本书详细分析了该过程的相关环节、过程中的参与主体、主体分布状态、主体的关键作用及相关作用机制等。进一步，我们认为该过程是一个产业新技术价值增值的过程，这个过程存在着多重困境，随着资金的投入、技术组织和农户主体等的加入，新技术价值得到逐步增值，产业技术也得到升级。本书是对创新理论的中观层次研究。

本书对县域农业产业创新实践具有指导意义。从目前我国县域农业特色产业发展的实践来看，我国传统的农业科研和推广活动脱胎于计划经济，与市场经济体制越来越不相适应。同时，政府也在逐步减少对经济和研究的直接干预，而将工作重心转向了创新环境的营造和服务的提供。这样，许多农业科技研究和推广机构都陷入资金和人才的断档期，导致农业创新乏力，农业科研和推广活动发展缓慢。不仅如此，我国对农业产业创新的重视相对较薄弱，农业科研和技术推广人员纷纷流失，使农业科研与技术推广活动受到较大影响。

本书从实践角度总结了专项行动试点工作的成功经验和做法，提炼典型案例指导实践工作，从农业产业创新角度（也就是农业新技术成果转化的长效机制建设）提出建立和健全政策与措施的建议（也就是修补制度漏洞），对破解"三农问题"、探索新时期如何依靠产业创新有效延长产业链和提高产业化经营水平、培育和壮大县域农业特色产业的机制和模式具有重要的实践指导意义。

1.3 研究内容与研究方法

1.3.1 本书的主要研究内容

首先，本书在梳理现有研究成果的基础上，在对专项行动试点工作进行

总结分析，将它视为由政府主导的县域农业特色产业创新活动，是一项县域农业特色产业新技术成果转化的系统工程；并提出了县域农业特色产业创新的特征；依据2004年全国县（市）科技工作问卷调查数据和398个试点县（市）数据，统计分析了我国现阶段县域农业特色产业创新的条件。

其次，本书结合专项行动试点工作实地调研，首先运用情景依赖的思想，用情景描述的方法先去从实践中描述这个过程，分析了参与主体都有哪些、如何分布的、起什么作用、有哪些环节、这些环节如何链接等。进而本书将我国县域农业特色产业创新过程看作一个产业新技术价值增值性过程，从理论上把它抽象成一个新技术价值增值过程，建立了县域农业特色产业创新模型。

再次，本书在对县域农业特色产业创新模型分析的基础上，指出县域农业特色产业创新过程存在多重困境，结合对专项行动试点工作进展情况的总结，认为专项行动试点工作中的成功经验和做法是对困境的一种突破路径，并提炼实例说明其中的一些典型突破路径。

最后，本书在总结专项行动试点工作实践的成功经验和做法基础上，从政府推动与市场机制相结合和建立健全县域农业特色产业创新体系角度，提出了相关政策建议。

1.3.2　本书采用的相关研究方法

研究方法是开展理论研究必须首先解决的前提问题。本书综合运用技术创新经济学、统计学、信息计算科学等相关的理论和方法。注重理论研究与实践相结合、定性分析与定量分析相结合，形成更具有实际应用价值的县域农业特色产业创新理论。主要采用以下研究方法。

（1）文献研究方法

关于区域创新系统的研究文献有很多，本书的选题、切入点的确定，研究内容的撰写参阅了大量文献资料。在对国内外关于文献资料综述的基础上提出了本书的研究问题，这些文献不但为本书提供了理论基础，在研究方法上也具有重要的借鉴意义。

（2）系统的研究方法

县域农业产业创新具有系统性的特征，以系统理论为指导，以系统的观点考察县域农业产业创新活动的实质，以系统的方法论进行内容研究是本书的基本研究方法。此外，本书在章节安排上也遵循系统论的要求，由里及外，先研究产业创新的参与主体，然后研究主体之间的关系，最后研究县域农业特色产业创新过程的整体。

（3）多学科综合集成的研究方法

县域农业特色产业创新的研究涉及的学科和理论很多，对其研究不能用单一的方法，本书在方法选择上对不同内容选择不同的方法，综合运用技术创新经济学、统计学、信息计算科学等相关的理论和方法，试图深入了解县域农业特色产业创新的过程和运行规律。

（4）理论研究与实证研究相结合的方法

本书在进行理论研究的同时，对县域农业特色产业创新理论进行了实证研究，保证了本书研究的规范性和科学性（图1-1）。

1.4　数据来源

本书的主要数据来源有4个方面：第一，本书第三章的内容主要使用了"2004年全国县（市）的科技工作调查问卷"的相关结果数据，部分"科技富民强县专项行动计划信息数据库（2005—2007）"；第二，本书第四章主要采用了2007年内蒙古、河北、江西等省（区）的5个试点县（市）的实地调研资料；第三，本书第五章主要采用了2006年和2007年全国各省（市、区）专项行动试点工作的年度总结资料；第四，本书的其他相关资料还包括2007年398个试点县（市）专项行动试点工作执行情况的调查统计资料、国家和地方相关统计年鉴的数据资料。

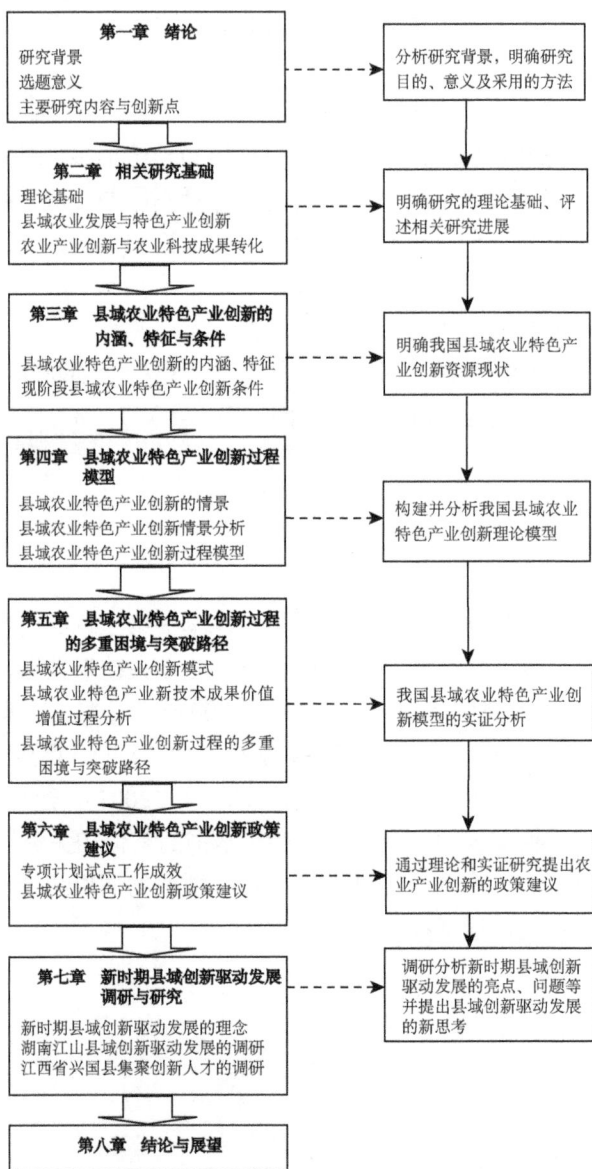

图1-1　主要研究内容与框架

第二章　相关研究基础

2.1　理论基础

2.1.1　产业创新理论

产业创新理论主要源于对产业革命的研究，自熊彼特提出"连续产业革命"概念和创新理论后，产业创新思想开始萌芽。产业创新包括产业创新与产业创新系统两大部分，是创新理论的重要分支。熊彼特最早提出了创新概念，但直到 20 世纪 60 年代中期，学术界才开始探究创新怎样改变产业结构和竞争力。1960 年，"产业创新"一词首次出现在了 N. J. Cunningham 的"Industrial Innovation"一文中。英国经济学家 Freeman 是第 1 位系统提出产业创新理论的人，他与 LueSoete 在 1972 年合著出版了第 1 部产业创新方面的专著 *The Economics of Industrial Innovation*，奠定了产业创新理论的初步基础。他们认为，技术和技能创新、产品创新、流程创新、管理创新（含组织创新）和营销创新构成了产业创新的内容，且不同的产业有不同的创新内容。Roy Rothwell 与 Mark Dodgson 教授合编的 *The Handbook of Industrial Innovation*（1994）对产业创新的本质、创新源和产出、创新的部门和行业特征、影响创新的关键因素等方面进行了较深入的研究，提出了以并行工程为基础的综合创新模型，是国际上关于产业创新的经典著作，体现了产业创新系统思想。

产业创新系统理论研究主要从国家创新体系、技术创新和产业创新系统的构成 3 个视角展开。①国家创新体系视角。Freeman 首次提出了国家创新体系的概念，使得创新理论的研究领域得到进一步拓展。产业创新系统

（sectoral systems of innovation，SSI）从国家创新体系概念演化而来。由于每一个产业中都存在创新的源——用户关系，因此，可将国家创新系统的概念应用到产业中，通过推动主要创新源之间的协作和信息流动，加强产业的竞争能力（陈劲，2000）。②技术创新视角。技术创新具有不同的系统层次，在产业层面即产业创新系统（柳卸林，2000）。Breschi 和 Malerba 于 1997 年将产业创新系统定义为公司活动的集合体，其目的是开发、制造产业产品，以及产生、利用产业技术。在动态、系统、开放的研究中，Malerba 将产业创新系统的概念和研究内容进一步深化和发展。他认为，应从知识、技术领域和产业边界，行为者、相互关系和网络、制度 3 个维度关注产业系统的框架。具体来讲，Malerba 认为知识的维度特性和来源影响了技术变化的速率和方向、创新和生产活动的组织，以及企业绩效；知识基础特性、学习过程、基本技术、需求特性、关键性关联、动态互补性等相互作用影响了不同产业系统之间的关系，也造成了网络类型、结构的巨大差异；制度在技术革新、创新活动的组织和绩效方面发挥着关键的影响作用。因此，一个产业系统正是通过上述不同组成要素的共生演化而发生变革和创新。③产业创新系统的构成。从产业层面研究技术、组织和制度等创新问题，研究不同产业系统之间在创新活动的速度、类型及其组织方法等方面存在的差异，从而剖析造成这些差异的原因。张治河、胡树华等人（2006）首次尝试构建产业创新系统，认为产业创新系统主要由产业创新政策系统、产业创新技术系统、产业创新环境系统和产业创新评价系统组成。王明明（2009）等指出，产业创新系统结构模型应该包括系统目标、3 个子系统（技术子系统、组织子系统、制度子系统）及系统环境。其中，技术子系统是核心，组织子系统是主体，制度子系统是保障。

2.1.2 产业经济理论

产业经济学是一门新兴的应用经济学科，由国外引进而来，在 30 余年的时间里得到了迅速发展。它以"产业"这个有机整体为出发点，主要研究工业化经济中产业间的结构关系，产业内部各企业之间的相互作用，以及产业的发展规律。根据国内外学者的研究，产业经济理论体系一般包括产业结构理论、产业关联理论、产业组织理论、产业布局理论、产业发展理论及产业政策六大方面。产业经济学的研究重点是产业结构理论和产业组织理论。

产业是具有某种共同特性的企业集合，某类共同特性就是将企业划分为不同产业的基本标准。产业结构是指国民经济各产业部门之间及各产业部门内部的构成。产业结构是前期经济增长的结果和未来经济增长的基础，是影响社会经济发展的一种决定性因素。产业结构理论的研究对象是产业间的比例关系，主要关注产业之间的关联关系及其动态变化，以及产业结构的演变规律，揭示在经济发展过程中资源在各产业部门中的配置、产业结构的优化和调控机制、主导产业的选择、产业的区域分布和空间结构等内容。运用产业结构理论需要以动态的眼光寻求产业间的资源占有关系、产业结构的层次演化等产业发展规律，从经济发展的角度为产业结构优化提供理论依据。

精确地界定产业组织理论的范围很困难，它是研究市场经济中的企业有哪些制度及如何选择行为的学科。关于它的讨论大致包括以下几个方面的内容："企业理论"方面的内容，如扮演不同角色的员工之间的关系，以及如何做到投入最小化产出最大化等问题；企业行为与不完全竞争市场之间的关系，尤其是 寡头市场中的企业与企业之间的关系，企业制定内部决策，如研究创新的比例等问题，常被称为狭义的产业组织理论；企业与政府之间的相互影响，这部分一般研究实证和规范两方面的问题。

从产业结构上来说，美国经济学家库兹涅茨将产业划分为"农业部门""工业部门""服务部门"3 种部门。在农业产业经济中，农业产业经济在推进农业产业化经营前，对主导产业的正确判断和选择尤为关键。有利于在区域内合理的配置资源，发挥优势，形成产业竞争力。从产业组织上来说，企业在实现市场价值的产业化经营阶段发挥着很大作用。作为产业培育的相关者和面向市场的主体，企业的创新在农业产业创新过程中占据着不可替代的位置。作为构成产业的单元，企业的创新活动必然有利于产业的创新过程，而这一创新过程的最终目标是实现科技成果的转化。

2.2 县域农业发展与特色产业创新

2.2.1 县域经济发展相关研究

在理论界尚未对县域经济的概念形成统一认识时，张秀生和陈志福在2009 年出版的《中国县域经济发展》一书中，对前人关于县域经济的代表性

定义，以及在此基础上综合阐述县域经济内涵和外延的说法进行了总结。作者从区域经济学角度出发，认为县域经济具有类似国民经济大系统、大网络的特点，在这个系统中，农业和农村经济是主体。王科健等人采用了同样的研究思路，首先总结了前人研究，从区域经济范畴、地理空间、独立性、地域特色、市场导向、在国民经济中的作用几个维度对县域经济进行了定义，并指出农业和农村经济是县域经济的主体，农业现代化是县域经济的发展主题和方向之一。这些研究有利于新学者在了解县域经济的基础上快速把握县域经济的研究重点，为随后开展深入研究打下基础。

李军国从农村人口的占比考虑，陈瑜从县域经济具有的基本特点考虑，一致认为县域经济的主体依然是传统农业经济，农村依然是县域经济发展最基本的空间载体。赵志远认为，我国县域经济以农业和农村经济为主体，县域农业经济在县域经济中充当着极为重要的角色。尹昌斌早在 2007 年就已经意识到县域经济是解决"三农问题"的一个重大战略，在国民经济发展中具有重要地位，也是建设社会主义新农村的重要保障。王军从农业所占比重考虑，认为发展县域经济应该优先发展农业，发展林业、渔业、畜牧业等有特色的产业，形成支柱产业，形成拳头产品，同时，要重视发展第二、第三产业，为农业服务，促进和带动农业产业化的发展。谭宇、陈攀从系统的角度出发，认为县域经济是一个系统经济体系，可以把县域经济看成农业经济。

随着对县域经济研究的持续关注，学界开始提出新的见解。许宝健提出了是"县域腰论"的观点，对县域经济发展的重要性有着深刻理解。他在书中指出，从地域上考虑，几乎所有的农村都在县域，农村问题的各种症状也主要表现在县域。温家宝曾批示，县委、县政府要把农村工作作为重点，县域经济要以农业和农村经济为中心。敖丽红在文章中对县域经济和"三农问题"的关系进行了梳理，认为"三农问题"是发展县域经济的关键。县域经济的原始积累需要工业的快速发展，走农村工业化、农村城镇化和农业现代化（简称农三化）道路是县域经济的根本发展道路。作者将单纯从经济角度考察县域经济拓展到了经济与社会发展的关系层面。

县域农业经济在县域发展中的重要性日益凸显，有学者对此进行了深入研究。张天柱在《县域现代农业规划与案例分析》一书中，从理论与案例两方面对县域农业进行了概括，阐述了县域农业经济的基本理论、概念和规划方法，以及发展中遇到的瓶颈和解决途径。书中内容立足县域实际，认为发展县域农业经济是繁荣农村经济、发展现代农业、增加农民收入的县域经济发展的必由之路，科学地选择县域农业的发展方式很重要。该研究对于推进农业现代化具有理论和实践意义。丁刚在《做好四篇文章 推进县域治理现代化》中，首先明确了县域治理在国家治理体系中的重要基础地位，然后指出在空间上，县域治理主要对应的是广大农村地区，要响应乡村振兴战略。王振华和孙学涛等人（2019）基于全国面板数据，为政府释放结构红利、促进效率提升和县域经济高质量发展提供经验证据。

从对县域经济概念的界定上可以看出，县域经济既是区域概念，也是经济概念。

2004—2019 年的 16 个"中央一号"文件不断强调农业农村发展。自从党的十六大首次提出县域经济发展战略概念以后，关于县域经济发展的研究进入了新的阶段。在县域经济发展方面，党的十六大提出了"积极推进农业产业化经营，提高农民进入市场的组织化程度和农业综合效益。发展农产品加工业，壮大县域经济"的战略发展思路，为众多学者研究县域经济的发展提供了思路和切入点。而十六届三中全会又提出了大力发展县域经济的发展战略。这意味着，县域经济作为区域经济发展的重要组成部分受到了前所未有的广泛重视。从县域经济的基本属性来看，它是国民经济的重要组成部分和最基本的运行单元，是城乡经济的结合，而农业是国民经济的基础，因此，纵观学者的研究，农业常成为县域经济研究中的焦点对象，也是县域经济发展的关键环节。

县域经济在整个国民经济发展中地位上升，不仅由于县域经济代表了城镇化的基本特征，也由于县域经济已经成为新型工业化的重要代表，还由于县域经济更彰显出农业现代化基础地位重要性。从目前县域经济发展的重点来看，首先关注的是"三农问题"，发展现代农业，不断拓宽农村剩余劳动力转移就业的渠道，促进农民增收致富是县域经济发展的首要问题。县域经济又以县城和中小城镇为重要载体，以县城为核心，与中小城镇共同构成县域空间结构体系。县域经济又具有工业化的特点，县域工业化成为工业化的重要组成部分，成为我国工业化的表现形式之一。自 2011 年起，县域经济占中国整体 GDP 的比重便超过了 50%，县域经济高质量发展是中国经济高质量发展的重要一环和基本支撑。在中国县域经济由高速增长阶段转向高质量发展的背景下，提升效率成为县域经济高质量发展的必由之路。

2.2.2 县域农业发展相关研究

（1）关于县域农业特色产业的研究

县域经济属于区域经济的一部分，又区别于其他类型的区域经济，它的发展依赖于特色资源，通过合理配置生产要素，与特色产业共同构成了县域特色产业。林涛等人在研究中指出，许多发达县（市）发展县域经济的实践充分证明，县域经济的发展有赖于县域特色产业的培育和壮大。并结合国家专项行动试点县，分析了县域特色产业创新的过程特征，为县域特色产业创新发展的研究提供了有益借鉴。

县域特色产业与农业结合所形成的县域特色农业受到学界的广泛关注，是"资源依托"型特色产业培育的典范，众多学者的研究为县域特色农业的发展奠定了坚实的理论基础。国内学者祁春节和雷海章较早认同县域农业发展应依靠县域农业特色产业的发展。发展县域农业经济应发挥和培育本地区的比较优势，充分利用本地区各种"资源"，建立优势导向的县域特色农业发展模式。许黎明在文中指出，县域经济发展的有效途径是打造地方特色经济。发展特色农业经济是一种能够最大限度地扩张经济总量，优化区域经济结构，提高经济效益，促进区域经济可持续发展的经济发展模式，打造区域农业特色经济已成为赢得长期竞争优势的主要手段。辛磊给出了同样的观点，他认为县域农业经济是县域经济的重要部分，关系到"三农问题"的解决，能够促进城乡统筹发展。李文君认为，县域经济农业性的特点决定了农业发展在县域经济发展中的重要地位，并以特色农业产业发展为对象，探索了对县域经济的影响。李欠男等人根据县域资源禀赋特征，以河北省县域农业绿色发展为例，探索依靠绿色前沿技术进步驱动具有地域特色的农业绿色化道路。

学者们致力于研究县域农业发展与我国经济发展转型问题。林毅夫在30年时间里致力于研究中国经济发展和转型问题。在"新结构经济学"中，他强调只有根据该国的要素禀赋结构所决定的比较优势来选择所要发展的产业和所要采用的技术，才能实现更快的经济增长。要素禀赋和比较优势处于不断发展中，为经济产业结构的变迁和提升这一创新过程指明了方向，同时，"有效的市场"和"有为的政府"是必不可少的前提。他将要素禀赋和比较优势理论应用在经济学中，赋予了它们新的内涵，为后来研究者提供了新的思路和方向。学者陈志峰等人借鉴了林毅夫的观点，并指出县域本身具有特色是地区农业产业形成竞争优势的基础和潜力，便于形成品牌产业。县域农业产业要坚持资源优势和市场导向的结合，发展特色农业和支柱产业，对于"三农问题"的解决具有重要意义。王海平等人基于福建省 58 个县（市）数据研究表明，县域产业升级、农业结构调整等对农村经济发展具有积极影响，对乡村振兴战略中县域产业升级策略选择和促进农民收入增加的政策实施有较强的启示意义。此外，在中央〔2017〕1 号文件围绕着"强化科技创新驱动，引导农业加快发展"，2018 年强调"乡村振兴"战略的倡导下，张爱国等人提出县域农业产业发展应立足于县域经济、社会发展及科技资源的实际情况，把科技创新的力量融合到农业产业发展中来。学界已经开始从发展的、动态的、可持续的视角去研究县域特色农业问题，这对于全面系统地把握县域特色农业的发展是一个良好的开端。

（2）关于县域农业结构的研究

县域产业的结构直接关系到县域经济的发展成效。县域农业结构的研究一定是建立在产业结构的基础上，产业的分类方法主要有 3 种：马克思主义从物质生产部门的角度对产业进行了划分，但在今天，这样的划分已不能满足现实的需要；霍夫曼的产业分类法；新西兰经济学家 Fisher 最早提出了三次产业分类法，至今仍被发达资本主义国家和大多数发展中国家所采用。关于区域农业产业结构及经济发展的理论，国内外已经有许多学者对区域合作及产业结构演进理论从不同角度进行了大量研究，国外早期多集中于区域产业结构及经济发展的理论研究，国内的相关研究更多侧重于对农业发展及区域结构演进的实证研究。

董凤丽从"质"和"量"的角度来描述产业结构的定义：各产业在其经济活动中形成的技术经济联系及由此表现出来的一些比例关系，并借鉴三次分类法对农业产业结构展开了研究。农业产业结构是处于变动中的，结构的演进主要体现在比例关系这一量变过程中。农业产业结构演进理论主要从演进的动力机制、演进趋势、演进的理论分析对农业产业的结构演进进行了说明。作者以农业产业结构演进理论对沈阳经济区农业产业结构演进进行了综合分析，具有重要的实践意义。

农业结构可以从多层次展开研究，如投入结构、经营组织结构、生产结构、流通结构、市场结构，其中生产结构是基础。许振文等学者以吉林省伊通县为例，分析农业生产结构，发现了当地优质品种相对不足，普通玉米受市场价格因素影响销售不畅、积压严重，传统产品价格持续下降，农民面

临生产成本不断增加、收入下降的结构性问题，并提出相应建议。随着研究的深入，农业结构的关注点不仅局限于生产结构，研究范围已经开始拓展。刘旭晖等采用文献调查与实地调查相结合的方法，对广西南宁市兴宁区农业产业结构存在的问题进行了分析。认为该区应立足于区位、产业、物流等优势，选择具有市场竞争力的特色优势产业，大力发展农产品加工业，并强化产业间的带动联动效应，寻求农业与旅游业的最佳结合。

一个国家农村、农业经济的发展，会随着外部经济环境和内部产业结构的变化而不断发展演进。在我国，社会的和谐、经济的发展很大一部分依赖于农业产业结构的调整，农业产业结构的调整具有前所未有的必然性和紧迫性。关于县域农业结构的研究问题，多数学者会结合当地的实际情况深入分析现状、存在的问题和结构调整的保障措施等。有学者提出，县域农业结构调整与宏观层面的农业结构调整相比具有特殊性，并从区域性、经济制约性、不平衡性、开放性、外部市场需求导向性、差异性、趋同性、不连续性、政策制约性和统筹性10个方面展开了分析。宋德军等学者一致认为，技术进步及科技创新对农业产业结构调整起着至关重要的作用，并在此基础上提出相应措施。谭灵芝从适应性政策的角度分析其对区域农业产业结构调整的作用及影响。秦德智和邵慧敏认为，需求的变化、生产要素的投入和制度的变更影响农业产业结构调整。从众多研究可以看出，产业结构调整大多是从优势产业的选择入手，培育特色产业，从而增强竞争力。张茗朝和姜会明从农业供给侧出发，以系统思维、创新理念为指引，以市场需求为导向，以现代信息科技为手段加以解决，针对吉林省农业产业结构优化提出一系列对策。成德宁和李燕从资源禀赋的视角出发，利用全国31个省（区、市）的面板数据进行回归分析发现，农业结构调整对农业劳动生产率有显著影响。王红和王鄂湘首次从大农业的角度对农业三次产业结构优化与农业经济增长的关系进行实证研究，以湖南省为研究对象，结果表明，农业产业结构优化与农业经济的发展存在长期稳定的关系：农业产业结构优化能够有效推动农业经济的发展。

2.2.3 县域农业特色产业发展相关研究

赵小平在《浅谈农业特色产业之路》一文中认为，农业特色产业的关键在于发展和创新，即只有做到"人无我有、人有我优"，才能"特"起来。即使自然条件并非得天独厚也没有"家传秘方"，通过努力、创新发展，照样也可以"特"起来。涂俊、吴贵生在文中从创新系统的角度阐述我国的县域农业发展，揭示县域农业产业发展的机制及理解农业产业创新过程，富有理论和实践意义。林涛和胡宝民在研究中提出，依靠技术创新发展县域农业特色产业，是欠发达县发展县域经济的必然选择；依靠科技创新发展欠发达县域农业特色产业是当前解决"三农问题"的重要抓手。他们认为，科技富民强县专项行动之所以能够取得成功，是因为其通过创新欠发达县特色产业发展过程，从整体上完善了特色产业创新薄弱环节，提升了特色产业技术水平。以上学者的研究初步为县域农业特色产业的发展打下了基础。

于新凯等学者对河北省县域农业特色产业的考察主要关注了类型与分布、特征、现存问题几个方面，认为河北省县域农业特色产业在发展与创新上存在的问题在于县政府的推动作用不足、市场存在机制障碍、本地研发资源短缺、技术水平落后、产业发展缺少全局统筹、科技服务体系不健全，并给出相应的建议。之后，相继有学者对相关内容展开研究，如江丽在前人研究的基础上，分析了县域特色农业的内涵，解析了河南省县域特色农业的发展模式，存在的问题及对策。此阶段的研究可以让后来的研究者迅速了解县域农业特色产业发展的基本模式、现存问题和对策建议，为县域农业特色产业研究范围的扩大和研究维度的拓展奠定了基础。

关于如何选好做强特色农业，马龙龙有深刻的见解。他认为应谨慎选择县域特色农业产业，主要遵循资源禀赋比较优势原则、差异化竞争原则、产业链协同原则和规模经济 4 个原则。选好优势特色农业产业后，需要整合和引导产业资源向特色农业产业集聚靠拢，做深产业链，形成完整的产业聚集发展格局；选择适合当地的经营形式，逐步破解小生产与大市场对接的难题；在产业培育中，注意在种养环节提高产品质量，在生产加工和流通环节，应把传统产品与现代生产要素进行嫁接。以上述几个方面来重点推进，做大做强特色农业产业。毕春群也持有同样的观点，认为特色和有竞争力的产业是县域经济发展的引擎和关键，在经济发展中首先要发现特色，不断创造特色，利用资源整合打造特色，扬长避短培育特色，依靠科技进步提升特色，着力发展支柱产业和优势体系。

随着生态文明建设在社会主义建设总体布局中位置的凸显，低碳农业这一主题引起了学者的关注。有学者在节能减排的政策背景下，剖析了吉林省县域经济低碳化发展所遵循的一般原则、发展现状、优势、成因及制约因

素，强调在县域经济低碳化发展的实现上，要以发展高效农业入手，实现农业低碳化发展。张楠楠等从河北省发展低碳农业特色产业的必要性及低碳化模式的构建方面进行了研究。随着经济的发展，"绿色兴农"理念得到了社会的认同，严立冬等人利用 SWOT 分析对三峡库区绿色农业产业发展及对策进行了分析探讨。

"一带一路"倡议的实施，为众多县域农业特色产业的发展打开了一片新天地，有学者将关注点放在了农业现代化与"一带一路"倡议的融合发展上。曾佑新分析了"一带一路"背景下无锡获得的新机遇和融入其中的路径选择。杨珊从地缘优势、交通便利、政策机遇、丰富的农业资源、合作机遇、科技人才、历史根源、市场空间分析了西安市农业特色产业发展的机遇，这一研究也从侧面反映了县域农业特色产业发展所需的有利条件。同时，中外合作的研究逐渐增多，可见于宋洪远、全毅文、赵鸣等人的研究。随着研究的深入，有研究提出了智慧型农业新业态。互联网与绿色农业产业发展结合也进入了研究人员的视野。

区域特色农业产业发展要立足地区资源优势，加大科技创新攻关，提高农业特色产业的科技含量，促进农业特色产业全面、协调、可持续发展。有学者对农业产业的生存能力、创新能力和成长能力进行综合评价，基于实证分析县域农业综合竞争力。刘薇从特色农产品生产格局、产业化经营的规模、农民增收效果几个方面考察县域农业特色产业发展的主要特征，主要从产业发展规划、龙头企业发展水平、特色产业创新的科技服务体系、产业人才队伍几个方面分析发展中存在的主要问题，从政府层面、科技创新的引领、人才队伍建设、龙头企业、县域间合作联动几方面对陕西省县域农业特色产业发展进行了研究，并提出相应的对策建议。沈东珍基于日照农业发展，提出发展区域特色农业产业应立足乡村资源禀赋优势，形成产业布局合理、资源要素有效集聚、创新能力稳步提升、内生动力充分激发、综合效益明显提高的产业体系，建立与城镇产业科学分工、优势互补、结构优化、合作发展的新格局。

纵观学者的研究，可以发现县域农业特色产业发展的研究方向与国家宏观政策保持一致，这也是中观层面研究对象的一个发展特点，并且从研究层次、维度和视角等方面来看，现有研究逐步呈现全面性和深入性。分析各地产业发展成功的经验，结合现有研究可以发现，县域农业特色产业发展的关键在于资源的整合配置、经营模式的选择、科技支撑和推广服务等。目前，研究以定性研究居多，有部分学者将焦点放到了定量研究上，说明县域农业特色产业发展的相关研究还没有达到成熟的阶段。量化分析农业产业发展现状多采用的方法是评价产业的综合竞争力发展水平。

2.2.4 产业创新相关研究

美籍奥地利经济学家 Schumpeter 在 1912 年出版的《经济发展理论》中首次提出"创新"的概念，他认为创新是现有资源的"重新组合"，是一种新的生产函数的建立。在此之后，许多学者开始了对创新理论的研究，有学者提出了技术创新，并形成了技术创新理论，而从产业的角度去研究创新，则是从 20 世纪 60 年代中期才开始出现端倪。

产业创新理论的兴起和发展要追溯到著名的经济学家 Freeman，作为第 1 个系统提出产业创新理论的人，他出版的《产业创新经济学》一书，为后来产业创新的发展奠定了有力基础，成为产业创新方面的经典之作。他认为产业创新的类型很多，包括技术和技能创新、产品创新、流程创新、管理创新（包括组织创新和市场创新）。经过实证分析，他提出，针对不同的产业，产业创新所涉及的内容有很大差异。他从系统角度对产业创新概念进行了解读，认为系统因素是产业创新成功的决定因素。这也是从产业创新的构成要素角度进行深入研究的代表理论。在此基础上，后来他又提出了国家创新理论。

Mark Dodgson 和 Roy Rothwell 合著的 *The Handbook of Industrial Innovation*，对产业创新的行业特征、影响产业创新的关键因素、产出和来源、本质、创新的部门等因素进行了深入系统的研究，并首次对产业创新系统的思想进行了分析。之后，众多学者对于产业创新理论研究的角度不断更新，如大学与创新的关系、动力源、机制、政策投资、现状与趋势分析等。

国内学者对此也做了有益探索，首次在国内阐述"产业创新"的是学者严潮斌。他认为产业创新的发生是通过直接和间接两种方式，前者体现了产业的自我组织管理；后者则是通过产业结构的变化而产生的。陆国庆从原有产业的改变或新产业的形成角度对产业创新进行了定义，张耀辉从新兴产业的形成过程解释了产业创新，而张治河从要素重新组合后引入体系的角度看待产业创新，后又提出产业创新系统模型。管顺丰等学者从狭义和广义两方面对产业创新进行了界定。有学者认为，产业创新是一种行为模式，在发

展过程中经历从弱到强、从小到大的变化，是多经济主体间的行为。不同的产业依赖于不同的知识基础、技术体系等，这些方面的不同决定了不同的产业会有不同的创新模式与之匹配，这些观点与 Freeman 的观点吻合。有部分学者主要从产业技术创新的角度，或者针对某一特定的产业创新进行研究探索，如吴贵生、李纪珍在《关于产业技术创新的思考》一文中，从产业技术创新角度出发，阐述了产业技术创新的重大意义，论述了产业技术创新战略问题、产业共性技术与关键技术的研究开发问题、不同规模的企业与产业技术创新的问题、传统产业和高新技术产业技术创新的问题等。众多学者的努力进一步推动了产业创新理论的发展。

产业创新系统理论为产业创新问题的研究打开了新的思路。Malerba 是产业创新系统研究领域的代表性人物，1995 年，Malerba 和 Breschi 首次提出了产业创新系统的概念。他认为产业创新系统是行为者的集合，他们通过各种活动及市场和非市场的交互作用来制造、生产与使用特定的产业产品群，并从相关因素考虑的全面性、动态性、运用的灵活性 3 个方面分析了产业创新系统理论的优势。大部分学者认为，企业、参与者、网络、需求、制度、知识基础和技术特性 6 个部分的要素构成了产业创新系统。

国内在 20 世纪 90 年代末开始对产业创新系统理论进行研究，起步较晚。众多学者从创新系统的不同层次来深化对产业创新系统的认识。柳卸林指出，技术创新有不同的系统层次，对应于产业、区域、国家就分别构成了产业创新系统、区域创新系统和国家创新系统。张凤等学者从网络系统的角度理解产业创新系统，认为它是由技术创新和知识创新共同形成的。陈劲等学者认为，产业创新系统是国家创新系统的一部分，创新源存在于产业创新系统中，可以通过促进主要创新源之间的协作来加强产业的竞争能力。分析学者的早期研究，大家都认同产业创新系统是国家创新系统的重要组成部分。

经过学者的共同努力，产业创新的相关研究已经走过了初步阶段，研究的主题和范围正在不断扩大，应用的产业不断增多。很多产业的创新能力不足严重制约了经济的发展，现实的问题引起了学者的关注，对产业创新能力和竞争力的评价成为研究的一大热点。周明、赵志耘等学者对高技术产业创新能力进行了相关研究，也有学者对战略性新兴产业的创新能力进行评价及规律的探寻，为创新能力的提升寻求对策，也有研究关注中外产业创新能力的比较。产业创新的内容主要包括技术、产品、制度、组织、市场等，这些内容的积累集聚及系统作用的结果是产业创新。近几年，有学者从供给侧结构性改革的视角研究产业创新问题，为我们带来了新的认知。创新效率的影响研究、创新网络、技术创新、产业创新的促进机制等都是产业创新研究的热点内容。

完全依赖资源禀赋和历史沉淀已经不是县域经济发展的最佳模式，农业的产业创新也应该成为发展的新常态。姜长云强调用产业链、供应链、价值链等现代产业发展理念和组织方式，创新科技与经济融合发展的途径，推动农业科技创新、业态创新、商业模式创新和组织制度创新的协同发展。代碧波等人首先归纳了各级政府和学术界对县域经济发展模式的研究，结合黑龙江省的实际情况，提出了产业创新对县域经济发展的重要作用：改变经济增长方式，改造和提升传统产业层次，提高县域特色产业的综合竞争力，培育县域经济发展新的增长点。

现有农业产业创新的研究多集中在技术创新和组织创新方面，黄爱萍等人论述了福建省农业产业技术创新联盟的开展情况，探讨了其必要性，并提出立足福建区域特色农业，构建新的产业创新联盟。但文章只是阐述了其合理性，并没有量化的研究支撑，也没有分析其内在的作用机理。学者罗雪英在这一主题上展开了深入的研究，用实证分析加以支撑。首先对农业产业技术创新联盟进行了界定和属性的探讨，接着分析了其构建的动因，运用回归分析对影响因素的相关指标及其相互关系进行剖析，并提出促进联盟发展的对策建议。程妮等以大别山区黑山羊产业为研究对象，着重分析了科技引领产业创新发展的主要做法及成效。

在经济全球化日益加剧的过程中，产业创新越来越成为产业发展的关键因素和核心推动力。单纯基于本地资源禀赋而形成的比较优势，所体现出的竞争力逐渐弱化。竞争优势的主要来源不再是先天的资源禀赋，而是需要后天创造的、能够将资源优势转化为竞争优势的手段和能力。以往县域农业产业发展主要依赖于产业政策扶植和财政支持，在当前复杂多变的多重转型环境下，这种模式已显示出明显的低效性和滞后性。为改变这种状况，需要改变产业发展的现有模式。发展县域农业经济，尤其是县域农业特色产业，必须要依靠产业创新，培育科技实力，走科技兴县的道路。

2.3　农业产业创新与农业科技成果转化

2.3.1　农业产业创新相关研究

农业产业发展的动力是创新，产业发展的最终保障是成果转化，创新的价值体现在创新成果转化为生产的过程中。没有畅通的农业科技成果转化途径，只会使农业的科技创新受阻。产业技术原始创新与成果转化能力是衡量农业产业竞争潜力的主要技术指标之一。因此，学术界对农业产业创新与农业科技成果转化这一主题展开了长期的研究。

国内学者于中涛和麻艳霞较早提出"农业产业创新关键是农业科技成果转化"这一论述，他们认为，科技进步对发展农业生产作用的大小取决于科技成果推广、应用和转化的程度。随后，于永德和胡继连提出，科学技术只是潜在生产力，只有把它转化应用到生产实践中，才能真正成为推动经济发展的巨大动力。张学军基于新制度经济学视角，对农业科技成果转化若干理论问题进行了研究。他认为，农村的建设离不开经济的繁荣与发展、农业的科技进步，更离不开农业科技成果的高效转化，他强调农业科技成果转化在农业产业创新中的关键作用。因此，研究农业科技成果如何转化，如何加快转化，就成为农业科技管理工作中的重要课题。

唐珂曾指出，科技创新是推动农业发展的决定性力量，是转变农业发展方式的核心动力，而科技成果转化是加快转变农业发展方式的举措之一，是产业创新的中心体现。黄钢提出了农业科技成果转化的双创理论，以市场为导向，以农业产业技术创新为基础，将农业技术创新与农业产业创新紧密结合。他认为，成果转化是连接技术创新和产业创新的桥梁，所以需要大力推进农业高新科技成果产业化，以科技创新引领产业创新，以产业创新推动科技创新，该理论的提出无疑丰富了产业创新成果转化的相关理论。后有学者采用问卷调研的方法，分析了"十一五"时期中国涉农科研单位和涉农企业的科技成果转化现状，为制定科技政策提供更加科学的决策依据。但大多研究将科技成果转化作为一个单独的环节分析，较少从整体上系统全面地分析农业科技创新体系。

有关农业产业创新的研究成果较少，且未能紧密结合县域农业产业创新的特点。县域农业产业创新具有创新主体不完整性、外部依赖性、政府主导性、多主体参与性、收益多样性及受益主体多样性的特点。县域农业产业创新发展应结合县域农业产业创新的特点，立足于县域经济、社会发展及科技资源的实际情况，根据县域农业产业创新的过程进行分析，把科技创新的力量融入农业产业发展中来。

2.3.2　农业科技成果转化相关研究

（1）国内农业科技成果转化相关研究

农业科技成果转化是从科学到技术再到生产的转化过程。农业科技成果转化为现实生产力是农业现代化发展的需求，是农业生产实现可持续发展的基础和关键所在，也是农业实现跨越式发展的必由之路，要给予高度重视。中国的农业科技进步贡献率已经由 2010 年的 52% 提高到 2015 年的 56% 以上。据国家科学技术奖励工作办公室统计，全国累计产出农业科技成果 59 283 项，其中，有效转化的成果 16 388 项，转化率只有 27.6%，远低于发达国家的 70% ～ 80% 的水平。国内对农业科技成果转化的研究可以概括为"三多三少"：针对具体问题的对策研究多，理论研究少；从某个侧面如转化过程、转化机制的研究多，全面、系统的研究少；传统经济体制下政府主导型的情况研究多，市场经济新形势下的情况研究少。从研究内容和思路上，主要分为两大类型：一是从研究农业科技成果的分类入手，提出成果转化机制；二是从成果转化面临的实际问题入手，提出解决对策。从研究主题上，主要包含农业科技成果转化模式研究、转化机制研究、转化绩效评价和转化效率的研究。

农业科技创新和成果转化是前后相连、密不可分的过程。通过农业科技成果的转化、推广，加速农业科技成果转化向现实生产力方向迈进的步伐，拓宽农业的综合功能，促进新兴农业产业的发展。李文琦在研究中也强调了加快推进农业科技创新最终在于推进农业科技创新成果的转化。学者谭华、孙炜琳以青海省推进农业科技成果转化中科技金融结合的创新实践为例，阐述了农业科技是全面建设现代农业的重要支撑，农业科技成果只有真正转化为现实生产力才能发挥这一支撑作用。科技水平已经成为决定经济总量提升的最主要因素。在农业产业发展中要多渠道、全方位地推进农业科技成果转化的进程，加快推动科技和经济社会发展的深度融合。

1）农业科技成果转化模式研究

郑焕斌和汤世国从一般意义上的科技成果转化入手，系统地总结了过

去的研究工作，提出成果转化是一项涉及多主体、多环节和多因素的复杂系统工程。从动力机制看，它是技术推动和市场引力相互作用的结果；从过程和环节看，它包括研究开发、中间试验和成果的产业化3个阶段；从参与主体看，有政府，科技成果供给方科研机构、高等院校和企业研发机构，社会中介服务体系，科技成果需求方农户、企业4个方面；从影响因素看，涉及人才、市场、资金、信息和政策环境等多重因素。系统完整的分析对研究农业科技成果转化提供了很好的思路。熊桉认为，农业科技成果转化是一个全过程，首先是农业技术成果的转移过程，科研领域经过直接或间接环节将成果转移到需求者手中，然后应用于农业生产，获得经济、社会和生态效益。也有学者认为，这是知识形态转变成物质形态的过程，实现这个交易契约形成、契约履行的过程必须依靠一定的渠道，就是科技成果转化的模式。

学界对农业科技成果的分类有很多种。赵利民按照科技成果的形态将其大致分为知识形态（软技术成果）和物质形态（硬技术成果）；陈希平进行了更为细致的划分，将其分成物化型、操作型和知识型3种；王生林从产品归属权角度将其分为公共产品、私人产品和混合产品；也有研究从科技成果所属的层次考虑，将其分为基础研究、应用基础技术研究、科技推广开发研究3类。

农业科技成果转化模式的分类依据一般是农业科技成果转化的对象和主体，以及多主体之间的相互作用。相对应地产生了不同的农业科技成果转化模式，主要有以下几种。

①政府主导的模式。政府的职能及农业公益性和农业科技成果外部性的特征，加之政府在资金和政策方面的天然优势，使得政府主导模式在不能产生较好的经济效益、但能为社会带来福利的情况下，可以产生极好的效果。从目前来看，农技推广机构是政府主导模式的典型代表，也是农业科技成果转化的主要渠道。②企业主导的模式。从事农业产业的企业遵循利润最大化原则，以市场需求为导向，实现市场化运作，是科技成果转化的重要模式。③农业科研院所和高校等事业单位主导的模式。此类科研事业单位不仅扮演着知识、技术创造者的角色，还是科技成果向现实生产力转化的推动者，且它们在研发人员、长期积淀、理论与实践结合的机会、国家和政府的支持等方面具有明显的优势。④多主体协同转化模式。该模式是产学研紧密结合的模式，以政府的支持引导为前提，以农业科研院所和高校为知识和技术的源头，以大型企业作为市场的发现者和开拓者。该模式可以高效整合资源，合

理配置，实现资源效用最大化。

2）农业科技成果转化机制研究

农业科技成果转化运行机制是指在农业产业系统中，各主体、环节为了实现科技成果向生产力的转化，所形成的各组成部分之间相互作用、合理制约的关系，以保障该系统的稳定循环、良性发展，达到科技与经济密切结合的目的。我国农业科技成果转化运行机制由过去的单轨制转变为以政府为主体的多元化运行机制。

在农业科技成果转化过程中，宏观调控机制发挥着关键性作用。首先，面向基层中小企业和农业农村的科技成果列入计划的相对少；其次，很多列入科技成果推广计划中的区域面临着资金短缺和政策支持力度不足等致命性问题，尤其在成长阶段，政府资金的投入力度增强和适当引导是极其必要的。李兆友等学者对政府的角色功能进行了研究。

转化的激励机制和动力机制是不可缺少的。人才是创造知识、技术的主体，每一个环节都需要人发挥作用，创造有利于农业科技人员积极工作的良好环境，建立相应的激励机制，改善待遇，稳定人才队伍是非常必要的。有学者提出，创新驱动要依靠人力资源驱动，精英人才的引进和激励是结合成果转化的明智选择。有学者专门对制约农业科研人员的因素进行研究，王丽娟等学者对创新驱动背景下的科研人员激励机制进行了研究，后有学者提出科技人员技术入股的激励机制、市场驱动机制、金融机构支撑机制、中介服务机制等。

供求机制是学界关注的重点问题，因为农业科技成果转化率高低的重要决定因素是供给和需求，研究者就农业科技成果供给和需求双重不足，以及供需结构失衡的问题做了深入探讨。农业科技的供需系统之间交流沟通不足导致信息的不对称，研究成果与市场需求之间时常会出现脱节现象，所以高效的沟通机制是很有必要的。利益机制是农业科技成果转化的核心点，主要包括价值的评估、利益的合理分配等，构建科学的利益机制对于长久的合作与发展显得尤为重要。

改革农业科研管理体制，增强创新能力及成果转化能力一直是研究的焦点之一。为加强农业科技成果转化创新管理机制，张铁石认为，政府应加强从起草农业科技转化方案到落实、监督、跟踪一系列自上而下的管理制度；林洲钰等提出，在发挥政府"看得见的手"对创新链全过程资源优化配置的切实引导作用的基础上，妥善处理好企业及高校、科研院所作为不同利益主

体的带动作用，对我国农业科技成果转化具有重要的意义；王敬华和贾敬敦认为，要推动农业科技成果转化体系和转化机制等方面的管理创新，促进农业科技成果转化主体之间的技术合作，用技术链延伸带动产业链、价值链延伸来推动农业科技成果的转化；孟洪和李仕宝认为，在新常态视角下应增加政策的可操作性、细化相关政策条款内容，尽快促成农业科技成果转化红利落地，创立灵活的科研评价机制，以加强农业科技成果转化。

3）农业科技成果转化绩效评价

在农业科技成果转化绩效评价方面，学界研究的多数是通过构建评价指标体系、再确定权重的方法来评价绩效。沈菊琴以多种农业科技成果转化路径为研究对象，建立了绩效评价指标体系，运用层次分析法和模糊评判法，试图寻求农业科技成果的最优转化路径。戴元坤等从政策评价指标、经济效益评价指标、社会效益评价指标、生态效益评价指标和科技进步贡献率指标5个方面建立了农业科技成果转化资金的绩效评价指标体系，强调了政府指标是首要评价指标，对"农转资"起决定性的作用。随着研究的深入，有学者将评价指标体系与其他方法结合，取长补短，综合各种研究方法以提高研究的严谨性、科学性和合理性。徐彬和段晓明首先在多样本调研的基础上，采用格栅获取、模糊 Borda 数法和直接赋权法确定了指标体系的权重，又结合多层次模糊综合评价法，以成都地区某农业科技型企业为例，对其科技成果推广绩效进行了综合评价。贾敬敦等从技术、效益和风险3个角度构建了应用开发类、软科学类与基础研究类3类农业科技成果的评价指标体系，并详细分析了各个指标下的主要评价内容，提出了确定评价指标体系权重的方法。万国超等人基于创新理论、核心竞争力理论和可持续发展理论，以四川省"十二五"期间的重大农业科技成果转化项目为样本进行实证检验，从创新投入能力、创新产出能力和创新可持续发展力3个方面构建了农业科技成果转化绩效评价指标体系。

农业科技成果转化绩效评价多数研究在构建绩效评价指标体系的基础上，对不同的评价指标赋予权重后，对农业科技成果转化绩效进行评价。我国农业科技成果转化资金的投入力度不断加大，转化资金如何有效管理、提高运营效率、扩大成果的转化效果等问题也随之而来。张琳等学者首先系统研究了我国农业科技成果转化资金绩效状况，运用指标分解法、层次分析法、极值法和综合评价法，构建了适合我国农业科技成果转化特点的绩效评价体系，进行评价和分析。施湘锟等以沿海七大海水养殖大省的农业转化绩效为样本，采用层次分析法对其进行实证研究，结果发现，促进海水养殖业科技成果转化绩效提升的关键因素包括人才培育、资金投入、示范园建设及科技体系创新。

4）农业科技成果转化率研究

农业科技成果转化率是农业科技成果数量转化程度的量化，由于量化方法不同，导致农业科技成果转化率测算方法不同。目前，农业科技成果转化率引导农业科研的发展方向，而农业科技成果转化率是农业科技成果被利用的价值表现。张雨根据农业科技成果转化的概念界定、转化条件、特征等，用一定时期内的所有农业应用技术研究成果总量中已经转移到农业生产领域或农村经济领域的成果数量所占比例来表示农业科技成果转化率，并用实例介绍了转化率的测算方法，还指出农业科技成果转化率与农业科技进步贡献率的区别与联系，让研究者对转化率的相关内容有了初步的清晰认知。

从内容上来看，学界一直致力于探寻农业科技成果转化率低的原因和对策，经过长期探索，取得了一定的实效。郑风田结合当时的背景提出，农业科技成果转化率低的原因除了各种体制因素外，还有促使科技人员转化成果的激励低、农民想使用增产新技术的需求不强等因素。郑理顺和张萍认为，农业科技成果的类型分布不合理，农业科技成果的应用主体整体素质偏低和农业科技推广体系队伍不稳、落后是转化率低的原因。也有学者将农业科技成果的转化过程视为一项复杂的系统工程，试图做出更全面深入的分析。但出于主客观原因，当时的研究多从现象中发现问题，还未深入其中，不够系统和全面。在此基础上，后有学者又提出科研人员市场意识薄弱、人才缺乏、科技资源配置不合理、科技成果的分类标准不统一等问题。还有学者认为，要及早转化各责任部门和主体对于农业的观念，强化科技创新体系建设和科研体制机制，完善科技成果的评鉴制度，健全农技推广机制体系等。代永刚等认为，还可以让科研机构通过建立农业科技展示园或参与地方农业科技园建设，展示示范集成先进技术成果，采取多种有效形式来提升重要科技成果的推广度。蔡金华等学者补充了建立多渠道科技成果转化的途径，他们认为农业科技服务是农业科技转化的研究主体和人力资源，可使用科技示范型、联合创新型、技术转化型、技术承包型、农民专家培训型等多种科技服务模式。众多学者的对策建议及实施方法都在现实中得到了应用和发展，但上述研究大都停留在理论层面，需要从一些新的视角去观察这个问题。

从转化率的测量及评价看，农业科技成果转化率是农业科技成果数量转

化程度的量化，量化方法多种多样，导致了农业科技成果转化率测算方法有所不同。

综合评价方法在多领域得到了应用，专家学者的应用研究成果丰富。赵蕾等又结合研究内容，选择模糊综合评价方法对"已转化的渔业科技成果"进行判断。后来，赵蕾等又结合模糊综合评价方法、抽样调查的研究方法，以及层次分析法和德尔菲法，分别测算出各项指标权重，两种方法得到的结果趋同，软科学类成果转化情况总体较好，应用类转化率较高，基础类转化率较低。王肖潇运用随机前沿分析方法对区域大中型工业企业科技成果转化率进行测算和评价，结果表明，虽然我国大中型工业企业科技成果转化率呈缓慢上升趋势，但是整体水平偏低；区域科技成果转化率存在明显的地域差异，中西部地区的企业科技成果转化率偏低。李修全和玄兆辉在 2015 年指出，从当前的研究来看，科技成果转化率指标在使用中存在误区，应该首先明确科技成果转化率指标的使用范围，并且在科技成果转化的国际比较中要采用同一概念标准。

近年来，随着对农业科技成果转化率研究的进一步加深，很多学者开始使用 DEA 方法及随机前沿函数生产模型（stochastic frontier analysis，SFA），通过不同角度来测算我国农业科技成果转化效率，认为现阶段我国农业科技成果转化效率较低且增长趋势缓慢。虽然之前的部分研究存在不严谨之处，但是确实为后来者的研究提供了思路和借鉴。

针对农业科技成果转化存在的问题及发展建议，大量学者进行了研究。季华员等、刘俭等学者从科技成果产生的源头出发，分析了农业科研院所科技成果转化存在的问题及对策。后来的研究者杨扬等仍继续了这方面的研究，从农业科技成果的特点着手，分析农业科研单位在科技成果转化过程中遇到的瓶颈，并提出相应对策。实现我国农业现代化和农业经济持续增长的重要战略支撑是现代农业科技创新体系。但目前存在农业科技创新体制与管理机制障碍、农业科研与生产不能有效对接、农业科技创新激励机制与风险补偿机制匮乏等诸多困境亟待解决。吴好等利用项目集成化管理的方法，对农业科技成果转化的过程、参与方及信息进行项目集成化管理分析，指出农业科技成果转化现存的问题集中在农业科技成果转化过程割裂，如科研立项与市场需求脱节、科研与推广环节割裂、推广与生产环节割裂、各主体间沟通太少及信息不畅等。

我国现有农业科技成果质量不高、源头产出与供给不足、供需结构失衡、对农业科技的投入不够、对农业科技项目的支持方式不合理、科技成果转化率不高、成果产出主体从事转化的动力与能力不足、成果转化队伍缺乏专业性人才、对人才的吸引力不够、转化受体对农业科技成果的依赖性和重视程度不够、政策法规制度不健全等是被学者提及较多的问题。

（2）国外农业科技成果转化相关研究

国外对农业科技成果转化的研究有以下几个特点：一是多进行系统性研究；注重系统结构、关联要素及其功能、作用的研究，注重科技成果转化过程的经济和社会研究；二是多进行管理研究，注重农民的积极参与、信息的双向交流，以及信息管理、所需资源及管理、政策及制度的作用；三是开展了一些对技术转化效果、转化速度等方面的数量研究。

国外没有一个完全与科技成果转化相对应的概念存在，与之相近的有技术转化（technical transformation）、技术转移（technology transfer）和技术推广（technology diffusion）。在国外文献中，对于科技成果转化多用"technology transfer"，即技术转移来表述。Richard Cardozo 等通过研究，将高校参与科技成果转化的行为视为大学科技成果的商业化过程，基于组织群体生态学理论视角，运用同期群分析及滞后多级数据比较方法探究出一个经济模型，以此来检验高校科技成果转化产业的效率及实际生产力。通过分析数据，得出这一产业发展缓慢、科技成果转化过程效率较低的结论，同时指出私人和公共研究组织在此产业中的潜在发展机遇。

Thomas Eponou 将农业科技成果转化过程分为 4 个相互联系的子系统：一是技术转化的环境子系统，主要包括国家的农业政策与科技政策、现行农业生产组织体系等；二是组织及结构子系统，组织结构不合理往往造成职责不清与职责缺位、沟通与合作不力、重复投资等问题；三是资源子系统，包括财力资源和人力资源，财力资源要保证一定的预算、必要的紧急储备和按时到位等，人力资源关键是建立起灵活有效的激励与约束政策，保证人员培训和必要的福利；四是转化机制子系统，科技成果作为知识载体，建立起并管理好科技成果转化机制至关重要。转化机制主要包括联合策划与评价机制、合作机制，以及基于契约的代理机制、信息交流及反馈机制、灵活有效的协作机制等。David Bennett 认为，科技成果转化是一个交易过程，表现出明显的经济学特征。在这个交易过程中，技术知识在经营主体之间实现交换，由于技术供给者和需求者都期望在这个过程中受益，因而导致交易或合作的发生，增加社会福利。研究表明，科技成果转化水平与经济发展水平息

息相关，在农业资源比较富集、商品率较高、市场比较活跃的地区，农业科技成果转化的效果就好。Bert Metz 等人认为，科技成果转化是一个社会过程，科技成果转化效果很大程度上取决于技术接受者的经济与文化因素。由于人们有着不同的个性、动机、兴趣和志向，面向千家万户的科技成果转化过程会遇到极其复杂的变化，需要有关主体之间达成共识，并在一定的社会、文化、经济条件下进行谈判和磋商。正是这些社会、人文因素，常常导致科技成果转化的失效。Penny Risdon 把科技成果转化过程分成 6 个前后衔接的阶段，协调程序化管理，并明确了 6 个阶段，即技术生成、技术确认、定位技术用户、技术交易、技术应用和技术评价的主要任务和转化指标。他强调农民积极参与、双向信息交流的必要性，科技成果转化的内容、方式都在随着形势的变化而变化，从由上及下、纵向的科层结构到扁平化的网络组织，从转化技术到转化科学知识为主，这些都为更好地管理科技成果转化提出了新的要求。Bert Metz 等人研究了政府的规制建设、自由贸易政策、教育等因素在科技成果转化中的作用。Thomas Eponou 针对决定科技成果转化速度的因素进行了数量分析。Robert K. Carr 研究了对科技成果转化效果的评价和计量问题，认为技术转化包含着知识转化，测量转化效果的困难在于技术商品化的复杂性和知识价值的计量。因而，他采用中间数据和调查的间接方法来测度经济效果。Tenkir Bonger 利用数学方法研究了农业科技成果转化与农产品的价格变化之间的关系。Thomas Eponou 在系统总结发展中国家农业科技成果转化问题的研究结果后提出，造成转化低效的深层次原因主要有：缺少系统论的观点和高效的领导责任体系，缺少透明的共同遵守的科技政策，对转化过程的战略研究和科学管理不适应，强调农民参与、以农民需求作为转化的动力不足。

与国内农业科技成果转化强调科技成果的应用相比，国外研究技术转移更侧重于技术在不同创新主体之间的流动，多数侧重于研究大学的技术转移效率。Cardozo 等基于组织群体生态学的视角，选择 1991—2004 年大学的授权许可证数据，通过构建计量经济模型来分析大学的技术转移和技术商业化，发现该行业增长缓慢，技术转移变得越来越没有效率。Macho-Stadler 等分析了大学进行技术转移的过程和激励机制，认为在技术转移过程中技术许可协议更加有效。Curi 等研究了法国大学技术转移效率及其影响因素，发现法国大学技术转移效率较低，大学的规模和 R&D 投入强度均对技术转移效率有正向的影响，大学是否有医学院对其技术转移效率的高低有着决定性的影响。Kim 利用 DEA 方法研究了美国大学的技术转移效率情况，发现大学技术转移效率增长较快，90% 大学的技术转移效率的年增长速度超过 30%，转移效率的提高主要是由于大学商业化产出，大学商业化活动比增加投入更有利于技术转移效率的提高。

近年来，随着农业行业对研发重视程度的日渐加深，我国农业科技取得的成果举世瞩目，但仍存在农科科技成果转化率低下、农业科技贡献率不高等边缘化问题。纵观国外的研究结论，可以看出，国内对农业科技成果转化的研究亟须树立并强化系统论观点，加强对科技成果转化要素和制度政策的相关研究。

2.3.3 农业科技成果推广相关研究

农业科技成果转化是指将技术转化为应用，将农业技术转变为产业或者产值，而农业推广是指将农业科技转化的过程和成功转化的技术传播出去。经济能否发展和腾飞的关键就在于科研成果能否迅速转化为生产力。转化和推广是两个同时发生的过程，但延续的时间和持久程度不同，在推广延续的过程中需要投入的精力越来越多，其转化度也随之增加，对生产的作用也越大，延续推广是提高转化度的有效手段。

（1）国内农业科技成果推广相关研究

1）农业科技成果推广理论的研究

潘宪生等对中国农业科技推广体系的历史演变及特征进行了深入研究。丁振京基于制度变迁及路径依赖的有关理论，对我国农业科技推广运行机制的变迁进行了理论研究。汤吉军等运用一个动态的投资模型，分析了沉淀成本对农业生产进入与退出的影响，探讨了其对农户生产投资行为的影响。

众多学者也依托现实问题进行了大量理论方面的研究。魏远竹等针对社会主义新农村建设背景下存在的问题，提出了促进农业科技成果推广与转化的建议，主要包括强化科技转化意识，改革和完善推广与转化机制，加大对科技人员的培训力度，促使农业企业成为科技转化的主体，培育和发展技术市场，完善政府宏观调控措施等。有学者对企业从事农业科技成果推广存在的问题进行了探讨，认为制约因素在于企业内部组织结构不尽合理、企业内部人事制度低效、缺乏有效的技术中介和动力集成机制。徐玉国从农业科学研究所在科技成果推广方面所做的工作入手，分析在其中可以加以完善的

部分。还有学者建议农科院校应引导大学生将农业科技成果迅速传播到广大农村，将知识转化为财富，创造就业。同时，还应该注意科研成果的产权问题。随着农业生产经营逐渐走向专业化、标准化、规模化和产业化，上述问题仍然存在，在农业大市鹰潭市也有所体现。但上述研究大都从农业科技成果推广的某个环节进行分析，提出相应对策，缺乏整体性和系统性，没有从全局把握。

现代农业科技推广是一个以"咨询"为主要特征的动态的农业科技推广过程，因此，农业科技成果推广的信息也引起研究人员的注意。在现代农业发展背景下，农业商品生产高度发达，知识技术更迭迅速，信息传播共享日益频繁，农业推广的内涵从仅仅向农民提供技术与教育服务不断向为农业、农村、农民提供信息与资讯的交互动态过程转变，由此，出现了通过提供各种信息和咨询以满足农民农业生产生活需要的"现代农业科技推广"。栾美晨以农业科技成果信息的基本特征为起点，分析农民对科技成果信息的需求类型，并分为热型、温型和冷型农业科技成果转化技术信息，指出影响农业技术推广的原因。近些年来，有学者试图论证和设计一款基于 Android 的农业科技成果推广移动端应用软件，将它作为农业科技成果推广服务载体和工具的有益补充，以期在一定程度上提高农业科技信息的推广效率，实现农业科技成果推广信息服务的轻量化和智能化。

综合学界研究来看，我国农业科技成果推广的理论基础主要有系统科学理论、农业科技创新与新技术扩散理论、农业推广教育学与心理学理论、沟通学与传播学理论、农业可持续发展理论、农户行为理论、绩效评价理论。这些理论紧密相连，在科技成果推广过程的不同环节均有体现，为众多研究奠定了深厚的理论基础。

2）农业科技成果推广模式和体系的研究

主要是关于多元化农业科技成果推广方面的研究。我国的农业推广自新中国成立后得到了全面发展，建立了以国家支持为主体的农业科技成果推广体系。在计划经济体制下，在农业技术传播和提高农民科技素质方面发挥了主导作用，有90%以上的新技术和新产品由农业推广系统通过试验示范、技术培训和行政推动等方式传播给农民，为我国农业和农村经济的发展做出了巨大贡献。各地已初步形成了多元化的推广模式组合，概括起来主要有：①政府推广机构为主体的公益性农业推广服务模式；②产业化龙头企业带动农户的推广服务模式；③科技企业的技术开发和示范服务模式；④科技示范园区、示范场的推广服务模式；⑤农民经济合作组织服务模式；⑥商业流通服务模式；⑦科研机构、大专院校的推广服务模式。

随着我国农业技术推广体系市场化改革的深入，原有由政府主导的一元化多线型技术推广体系也逐渐向多元化的新型农业技术推广体系转变。对我国影响较大的农业推广组织主要包括 5 种类型，即行政型、教育型、科研型、企业型和自助型农业推广组织。学界关于多元合作农业推广体系的研究多局限在探讨其重要性、必要性上，对合作农业推广模式的类型、特征及影响因素等方面缺乏深入研究，特别缺乏定量的实证研究。为了填补这一空白，高启杰等通过建立有序 Logistic 模型，探讨影响合作农业推广模式选择的因素，强调组织间的多维邻近性对合作模式选择的重要影响，以期从新视角指导农业推广机构的合作行为。

对于我国农村科技成果推广体系的具体模式，研究得比较多的有陕西宝鸡的"科技专家大院"模式和福建南平的科技特派员制度。除以上两种模式之外，很多地区在实践中对以下几种模式也进行了有益的尝试，取得了较好的效果：①专家 + 涉农企业 + 示范农户模式，即以大专院校、科研单位为技术依托，以涉农企业为龙头，带动周边农民参与的形式。②专家 + 农村专业经济合作组织 + 示范农户模式，即政府引导，专家指导和技术培训，农村专业经济合作组织参与带动共同致富的形式。③专家 + 示范基地 + 示范农户模式，即以各类示范基地为依托，专家咨询指导和技术培训，农户参与的形式。

目前，多元化的农业科技成果推广模式相关研究取得了一定的成效，但各模式之间存在着组织协调与机制的有效链接问题。随着农业科技成果推广事业的发展和推广内容的拓宽，加强各模式之间的协调，形成各资源要素的最佳组合，发挥多元化主体的整体效能仍然是今后农业科技成果推广探讨的课题。

有学者认为，由农业科研系统、教育系统和推广系统组成的农业系统，以及相互联系、共同作用的主体共同构成了科技成果推广体系。寇玉香等认为，不健全、不完善、结构不合理的农业科技成果推广体系直接影响了科技成果的转化程度和效果。农业信息化程度低、农业科技成果附加值低、转化率较低、农业科技成果转化经费不足等也是重要影响因素。早期，有学者曾指出利用院县共建专家大院的模式来促进成果的推广应用。林鑫指出，我国的科技推广模式大多已由早期的政府主导发展成为以政府主导推广为主，

"公司 + 基地 + 农户"、委托技术单位承包、农户独立经营等模式共同结合的推广体系。后有学者指出多链联动推广模式，试图更全面系统地研究问题。由以上研究可以看出结构合理、完善健全的农业科技成果推广体系构建的重要性。

3）农业科技成果推广绩效评价研究

农业科技成果推广绩效相关研究成果已较为丰富，当前主要有两种研究视角。

一是从农技机构等推广组织或项目层面选取评价指标。张亦诚和陈古强从农业科技成果推广的过程出发，对农业科技成果推广体系及运行进行了评价。但发现现有体系运行不畅，不能实现科研与生产的对接，如基层推广部门缺乏经费保障、农技推广人员的数量、科技文化素质及知识构成难以适应农业生产对科技成果推广的需求、从事农业生产的劳动力科技文化素质低、农业生产商品化程度低、科技成果生产者对推广的参与度不够、农业科技成果研发和评价中存在一些问题等，但作者并没有进一步的实证分析。徐彬和段晓明弥补了这一不足，以成都地区某农业科技型企业为对象进行实证研究，证明了多层次模糊评判法可使企业明确自身优势和劣势所在，具有较强的应用价值。屈迪和罗华伟通过对平衡计分卡模型的调整和改进，构建了农业科技推广机构平衡计分卡模型。根据模型的 4 个维度建立指标体系，给出了操作方法。高启杰和姚云浩从合作推广投入、推广过程、推广产出、满意度 4 个方面构建合作农业推广项目综合绩效评价指标体系，采用灰色层次综合评价方法。根据案例应用研究结果，验证了指标体系及评价方法的可行性，并提出相应建议。

二是从农户层面选取绩效评价指标。廖西元等采用因子分析法，以农户为评价主体对农技人员的推广行为和绩效进行综合评价，并采用逐步回归分析方法对影响因素进行实证分析。研究发现，农技员个人特征、管理体制、运行机制中的收入分配、工作安排、考核激励、机构发展等机制对农技员推广行为和推广绩效均有显著影响。

综上所述，国内关于农业科技成果推广的研究一直以来尚未形成自己的研究体系。随着我国经济的发展，一些有识之士认识到推广机构在技术转化中的重要作用，并开始对我国的农业科技成果推广体制，包括机构设置、组织形式、运行机制等进行了一定的探索。20 世纪 80 年代后期，农业科技成果推广的研究进入正常的研究轨道，大量的学者参与进来，做了许多有益的工作，出版了大量的著作和文章，研究进入了百花齐放的时期，但在指导思想上有重科研、轻推广的倾向。现阶段，我国的农业科技成果推广研究还远远不够，尤其是基础理论部分，同发达国家相比还存在着不小的差距。目前的研究没有完善、系统的改革思路，偏重于改革的政策建议，缺乏改革的措施；注重推广模式的研究，缺乏推广体系的创新。随着我国市场经济体制的逐步完善，如何使农业科技成果推广体系充分有效地发挥科技转化的桥梁作用，还有待于做出更深层次、更系统、更全面的研究。

（2）国外农业科技成果推广相关研究

早在 1874 年，美国的 Clarendon 伯爵最先提出了农业科技成果推广的概念，通过说服、教育等方式引导农民不断改进农业生产技术。随后，经过 1 个世纪的发展，在 1960 年，Sanders 推出了他在农业方面的著作《合作推广学》，正式将农业科技成果推广学定义为一门社会所承认的正式专业学科。Maunders 进一步完善农业推广的概念，将其定义为"一种协助农民的服务或系统，利用教育的手段，来改进农业技术和经营方式，以有效地提高产量、增加收入，改善农民的生活状况，提高其社会地位及教育水平"。目前，这一定义已被学科内大部分学者所认可。

国外关于农业科技成果推广的研究和实践起步较早，成果颇多。18 世纪中叶，在欧洲开始的产业革命也推动了农业发生变革和逐步现代化。为适应农业生产的新需要，欧洲开始近代农业科技成果推广活动，随后农业科技成果推广在美国迅速兴起并不断发展。到 20 世纪初，世界各国陆续开始建立农业科技推广体系。第二次世界大战以后，农业科技成果推广受到普遍重视。据联合国粮农组织 1989 年对全球 113 个国家的调查，全世界新建国家级推广机构 150 多个，从事农业技术推广的人员达到 54.2 万人，庞大的科技成果推广体系对世界农业的发展起到了巨大的推动作用。

农业科技成果推广的研究成果最早出现在美国，早期的研究缺乏系统性和学术性。从 20 世纪 40 年代末到 60 年代初，对农业科技成果推广的研究不断深化，如路密斯（C. Loomis）著有《农村社会制度与成人教育》，1963 年罗杰斯（B. Rogers）著有《创新的扩散》，劳达鲍格（N. Raudabaugh）著有《推广教学方法》，1922 年美国马立士（M.C. Burrit）撰写了《县指导员与农民协会》（*The County Agent and Farm Bureau*），1949 年凯尔塞与汉尔（Lincan David Kelsoy，Cannon Chiles Heame）合著《合作农业推广工作》（*Cooperative Extension Work*），同年布鲁奈（Ednund des Bnmner）和杨素宝合著了《美

国农村与农业推广》（ *Rural America and the Extension Service* ），1966 年孙达
（H.C. Sanders ）著有《合作推广服务》等。这些著作注重推广方法的研究和
对推广机构的管理，并将教育理论引入科技成果推广之中，注重从经济、社
会、技术和推广角度进行综合分析。20 世纪 70 年代以后，西方对农民采用
技术行为分析及推广活动的技术经济评价有了新的突破，加之信息技术突飞
猛进的发展，给农业科技成果推广的研究注入了新的活力，农业科技成果推
广问题的定性和定量研究与实证研究不断增强。代表性的著作有：世界银行
1984 年出版的《农业推广报告》，Axinn 等 1988 年出版的 *Guide on Alterative
Extension Approaches*，Ban 等 1996 年出版的 *Agricultural Extension* 及 Albrecht
等 1989 年完成的 *Agricultural Extension* 等。这些著作和论文的发表，标志着
世界农业科技成果推广的研究进入一个新的发展时期。内容上，普遍注重从
农业科技成果推广与农村发展的关系、行为科学、农业知识信息系统、农业
生产经营咨询、农业科技成果推广项目的实施与评估等角度，研究农业科技
成果推广学的理论与实践问题，赋予农业科技推广更丰富的内涵。研究方法
上，更加重视定量研究和实证研究相结合，研究活动和研究成果从以往以美
国为主逐步转向以欧美为主。西方国家的农业科技成果推广不仅在理论研究
上比较早，在农业科技成果推广体制构建方面也比较完善，已在不同科技成
果推广建设理论的指导下形成较为符合本国实际的科技成果推广体系。

国外有关农业科技成果推广模式的理论研究始于 20 世纪 80 年代中后
期。随着世界各国农业的发展，对农业科技成果推广的认识进一步深入，
对农业科技成果推广模式的研究日益受到关注，并开始见诸文献，出现了
一些比较有影响的学者。这些学者依据各自的理解将农业科技成果推广模
式进行归类，其中比较代表性的有：Swanson 在 1984 年出版的 *Agricultural
Extension:A Reference Manual*，Ray 在 1985 年发表的 "Methods of Estimating
the Input Coefficients for Linear Programming Models"，Axinn 在 1972 年出版的
Modernizing World Agriculture 等。

国外的农业科技成果推广与农业技术推广工作通常是结合在一起的。经
过长期的实践探索，世界上主要的发达国家已逐步形成了各具特色的农业科
技成果推广模式。

1）美国的合作农业推广

美国实行的是教育、科研、推广"三位一体"的合作农业推广体制，由

联邦农业推广局、州推广站和县推广办 3 个层次组成。工作原则为民主、合作、民众参与等。推广内容主要包括 4 个方面：农业生产技术推广及自然资源的利用与保护，家政推广，青年教育培训，社区开发（图 2-1）。

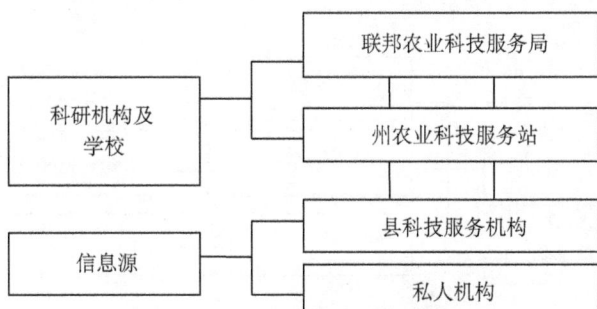

图 2-1　美国农业科技服务体系

2）日本农协的农村综合服务

日本农协由基层农协、农协联合会、农协中央会 3 个层次组成。其中，基层农协主要由农业生产者个人加入。主要服务内容包括：一是营农指导及生活指导事业；二是农产品销售及生产生活资料的购买事业；三是农村金融、信贷和保险事业；四是公共利用事业；五是情报信息事业。日本农协作用的特点：一是不以营利为目的，为农民提供产前、产中及产后的系列服务；二是农协的服务对象以协会会员为主。因此，日本农协是一个能够在一定程度上代表农民利益的自助组织（图 2-2）。

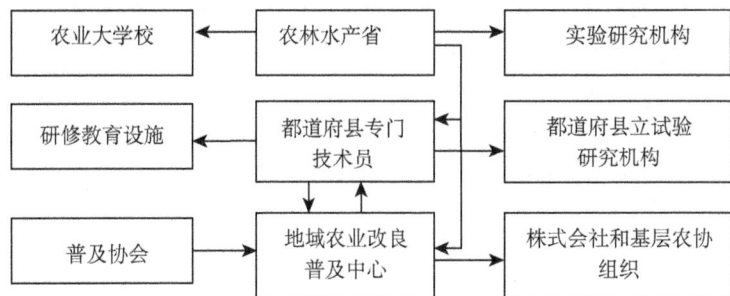

图 2-2　日本农业科技服务机构模式

3）德国的农业推广咨询服务

由政府官方推广、环咨询和农村合作社 3 个方面组成。其特点是利用沟通手段帮助农民，使其能够改变自己的行为，解决或缓和所面临的问题。这种模式是农业推广发展到一定阶段的必然趋势（图 2-3）。

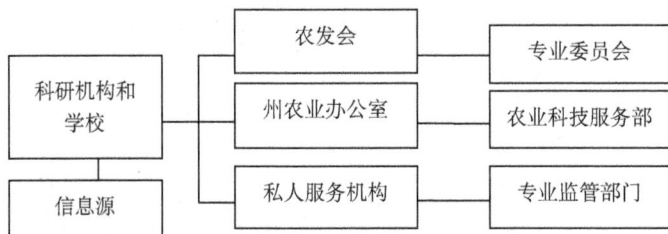

图 2-3　德国农业科技服务体系

4）新西兰的农业科技服务模式

新西兰实行的是政府商业化机构、学校和科研机构、农协、私人机构相结合的农业科技服务模式（图 2-4）。

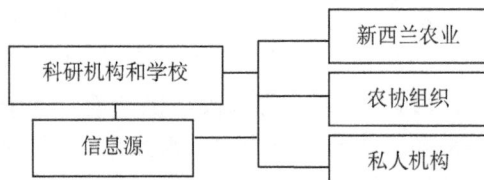

图 2-4　新西兰农业科技服务机构模式

5）常规农业推广

这种模式主要存在于发展中国家。由政府支持的各级推广机构组成，采取自上而下式的农业技术推广活动，其工作目标是增产增收。农业科技成果推广人员通过宣传、培训、示范和指导等，实现提高农民素质、传递农业技术的目的。

2.4 本章小结

综上所述，通过以上对农业科技成果转化研究进展的分析可以发现，我国农业科技成果转化的研究主要集中于定性方面，运用定性分析的方法来研究农业科技成果转化现状、转化模式、转化机制等；而涉及农业科技成果转化绩效评价的定量研究起步较晚，主要通过构建绩效评价指标体系来研究农业科技成果转化的效果；关于农业科技成果转化率测算和计量的研究还较少，为数不多的关于农业科技成果转化率概念界定和测算方法的研究尚没有达成一致的研究结论。国外技术转移研究侧重于技术在不同创新主体之间的流动，多数集中研究大学的技术转移效率。

目前，我国对农业科技转化问题的研究绝大多数都是围绕宏观层面，少部分研究涉及中观层面，关注重点也更多是宏观或中观层面的农业科技成果转化问题，侧重宽泛的对策研究。研究方法大多采用定性分析、评价指标体系分析和描述性统计研究方法。而对于农业科技成果转化效率的研究尚处于起步阶段，尤其是基于农业企业微观层面对科技成果转化效率的研究还十分欠缺。

国外对农业科技成果推广的研究，初期主要是美国的相关研究，其后转向欧洲，由不系统到系统。据世界粮农组织（FAO）的资料显示，以政府农业部为基础的农业推广组织占80%以上。这说明，绝大多数国家都是以政府为主导的官办机构作为农业科技成果推广组织的主要形式。即使美国、英国这样经济发达、资源丰富的国家，其粮食等主要农产品生产大量过剩，但也未放弃将政府办的农业科技成果推广组织作为主体，由政府支持农户、农场主、农业技术推广机构、农业行业协会等采用农业新技术，这充分体现了这些国家对农业科技成果推广的重视。在运行机制上，大多数国家的农业科技成果推广组织都与农业科研、教育等部门密切联系，形成信息畅通、互通有无、通力合作的运行机制，较好地解决了农业推广、科研、教育三者的结合问题。发达国家的共同特点是：注重农业服务效率（如互联网的应用），注重农产品研发（如积极申请欧盟农业项目），注重农业科技发展规划的制定与落实，注重对农场主的支持，注重对公益性农业科技成果推广体系的保护和资金支持。这些都十分值得我国借鉴和学习。

在中国经济由高速增长阶段转向高质量发展的新阶段，欠发达地区县域经济正处在转变发展方式、优化经济结构、转换增长动力的攻关期。这就要

求中西部地区的县（市）必须积极融入"中国制造 2025"、长江经济带、京津冀协同发展等国家战略，以及"一带一路"倡议，结合当地产业特色和承载能力，用好用活用足国家支持县域经济发展的系列政策，培育特色化、专业化、充满活力的县域经济新动能。

第三章 县域农业特色产业创新的内涵、特征与条件

3.1 县域农业特色产业创新的概念界定

本书的研究主要是以专项行动相关的调研为基础开展的，因此，首先对相关概念的内涵做一下简要的分析。

3.1.1 对科技富民强县专项行动计划的认识

科技部为全面落实科学发展观，把"科教兴国"战略切实落实到基层，依靠科技进步，促进县域经济快速发展，于 2004 年召开了首次全国县（市）科技工作会议，并把 2004 年确定为"县（市）科技工作年"，提出要"切实加强县市基层科技工作"。经过广泛调研、精心设计，科技部、财政部联合制定发布了《"科技富民强县专项行动计划"实施方案（试行）》（国科发计字〔2005〕264 号）和《科技富民强县专项行动计划资金管理暂行办法》（财教〔2005〕140 号），并于 2005 年共同启动实施了"科技富民强县专项行动计划"。

（1）实施目标

专项行动的总体目标是：把"科教兴国"战略切实落实到基层，依靠科技进步，培育、壮大一批具有较强区域带动性的特色支柱产业，有效带动农民致富和财政增收，促进建立富民强县的长效机制，实现民"富"、县"强"；加快县（市）科技进步，强化县（市）科技公共服务能力，为县域经济社会的全面、协调、可持续发展提供有力的科技支撑。

国家重点在中西部地区和东部欠发达地区，每年启动一批试点县（市），实施一批重点科技项目，集成推广 500 项左右的先进适用技术。通过 3～5 年的努力，支持 300 个左右国家级试点县（市）实施专项行动，以项目为载

体，发挥示范引导作用，从整体上带动 1000 个左右县（市）依靠科技富民强县。通过实施专项行动，试点县（市）应实现以下目标。

①提高县域转化推广科技成果能力，为县域经济的快速发展提供先进适用的技术成果。

②建立健全科技服务体系，提高科技公共服务能力，为基层提供有效的科技服务。

③提高农民依靠科技增收致富的能力，提高专项行动重点科技项目辐射区农民人均纯收入的水平。

④培育科技型的特色支柱产业，增强龙头企业科技实力和带动农民增收致富能力，壮大县域经济。

（2）重点任务

①引进、推广、转化与应用先进适用技术成果。根据当地和重点科技项目的科技需求，有针对性地引进大专院校和科研院所的先进适用技术成果，在示范的基础上，向周围企业和农民辐射推广，使技术成果为农民增收和企业发展发挥有效的作用。

②培育和壮大县域特色支柱产业。立足本地资源特色和优势，以重点科技项目为载体，培育和发展县域特色支柱产业，推动中小企业集群发展，创造县域新的经济增长点。

③组织开展科技培训。围绕专项行动开展面向广大农民的实用技术培训和面向企业劳动者的技术培训，提高从业人员的科技素质和技能，培养一批农村致富带头人和专业技术人员。

④加强科技信息网络建设和基层科技服务能力。用 3 年左右的时间，建立面向农村和中小企业的科技信息服务网络体系，集成中央、地方的科技信息资源，完善国家科技信息库，连通省（区、市）、地（市）、县（市）科技信息网络，建立县（市）科技信息服务站，为基层提供方便、快捷、实用的科技信息服务，并带动公共服务平台建设和相关科技服务能力的提高（该项任务将由国家自上而下另行统一组织实施）。

从专项行动的实施目标、重点任务和产业分析来看，本书认为，专项行动是一项由政府主导的特殊的县域农业新技术成果转化活动。

"政府主导"主要体现为专项行动是由中央政府以科技计划项目的形式牵头推动，由省级科技、财政管理部门负责科技计划项目的组织开展，由试点县（市）政府根据自身的优势特色产业基础提出产业发展规划进行申报。

各试点县（市）上报的《"科技富民强县专项行动计划"实施方案（试行）》中既有县（市）政府的产业规划制定，又包含着项目实施单位的任务完成计划，充分体现了政府主导、多方参与的特点。

"特殊"主要体现在两个方面：第一，区别于以往的科技计划项目，专项行动是由县（市）政府牵头开展，而不是由具体科研单位组织开展；第二，区别于以往的科技成果转化活动，专项行动是以科技计划的任务形式，将科技成果的引进、转化、推广及商业化运作等环节通盘考虑，避免了科技成果转化活动开展不深入的问题。

"农业"主要体现在我国县域特色产业主要是以农业为主，从本书下文对专项行动试点县（市）的产业分析中就可以看到这一明显的特征。

3.1.2　专项行动试点县（市）特色产业分析

为了研究工作的开展，本书收集了 2005 年、2006 年、2007 年三批次共398 个科技富民专项行动计划试点县（市）的相关数据，本着全面反映专项行动试点县（市）情况及"专项行动"实施基础和绩效的原则构建样本数据库（详细说明见附录 B）。数据信息来源于专项行动试点县（市）上报的《实施方案》，在此基础上，本书首先对县域特色产业的相关情况进行了分析。

（1）试点县（市）特色产业行业分布特征

依据建立的数据库，本书对样本试点县（市）特色产业所属行业进行了分布分析，根据《国民经济行业分类与代码》（GB/T 4754—2002）进行分类，结合专项行动各试点县（市）的申报材料总结而得，共分为种植业、林业、畜牧业、渔业、医药制造业和其他六大类，其中每一大类又进行细分，共 14小类（表 3–1）。

表 3–1　试点县（市）县域特色产业所属行业分类

种植业		
1	谷物及其他作物的种植	包括谷物、薯类、油料、豆类、棉花、麻类、糖料、烟草及其他作物的种植
2	谷物及其他作物的种植＋深加工	包括谷物、薯类、油料、豆类、棉花、麻类、糖料、烟草及其他作物的种植及深加工
3	蔬菜、园艺作物的种植	包括蔬菜、花卉及其他园艺作物的种植

	种植业	
4	蔬菜、园艺作物的种植 + 深加工	包括蔬菜、花卉及其他园艺作物的种植及深加工
5	水果、坚果、饮料和香料作物的种植	包括水果、坚果的种植，茶及其他饮料作物的种植，香料作物的种植
6	水果、坚果、饮料和香料作物的种植 + 深加工	包括水果、坚果的种植，茶及其他饮料作物的种植，香料作物的种植及深加工
	医药制造业	
7	中药材的种植 + 产业化	
	林业	
8	林木的培育和种植	包括育种和育苗，造林，林木的抚育和管理
	畜牧业	
9	牲畜的养殖 + 深加工	
10	家禽的养殖 + 深加工	
11	其他畜牧业养殖 + 深加工	
	渔业	
12	水产养殖	包括海水养殖，内陆养殖
13	水产品加工	包括水产品冷冻加工，鱼糜制品及水产品干腌制加工，水产饲料制造，鱼油提取及制品的制造，其他水产品加工
	其他	
14	其他	包括矿业、工业等行业

通过对专项行动试点县（市）特色产业所属行业的分布统计，可以发现，试点县（市）特色产业主要是由该县（市）地理、区位、气候等资源禀赋所决定，其中种植业和养殖业是特色产业最为集中两类产业，如图3-1所示。

（2）试点县（市）特色产业行业分布特征

通过对试点县（市）特色产业按所属细分行业类别进行统计，牲畜的养殖与深加工，谷物及其他作物的种植及深加工，水果、坚果、饮料和香料作物的种植及深加工和蔬菜、园艺作物的种植及深加工所占比例均在10%以上，是试点县（市）特色产业主要分布领域（表3-2）。

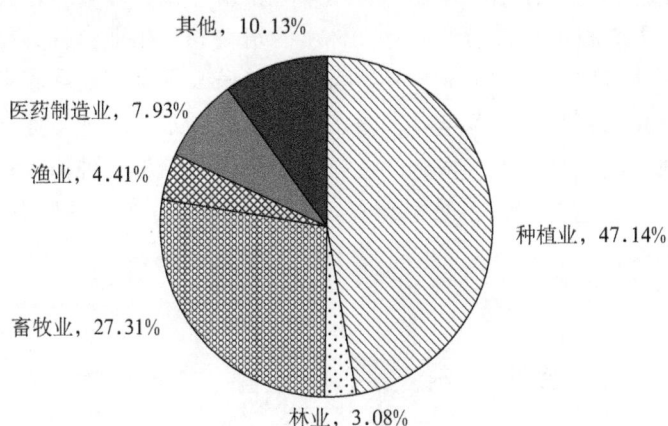

图3-1 试点县（市）特色产业产业分布

表3-2 试点县（市）特色产业行业分布

行业类别	所占比例
谷物及其他作物的种植	0.89%
谷物及其他作物的种植及深加工	16.00%
蔬菜、园艺作物的种植	1.33%
蔬菜、园艺作物的种植及深加工	13.33%
水果、坚果、饮料和香料作物的种植	1.33%
水果、坚果、饮料和香料作物的种植及深加工	14.67%
中药材的种植及产业化	8.00%
林木的培育和种植	3.11%
牲畜的养殖及深加工	18.67%
家禽的养殖及深加工	3.56%
其他畜牧业养殖及深加工	5.33%
水产养殖	4.44%
水产品加工	0.89%
其他	8.44%

进一步将谷物及其他作物的种植及深加工业，蔬菜、园艺作物的种植及深加工业合并为轮作物种植业；将水果、坚果、饮料和香料作物的种植及深加工业，中药材的种植及产业化，林木的培育和种植业合并为林果类种植业；将牲畜的养殖及深加工业、其他畜牧业养殖及深加工业和家禽的养殖及深加工业合并为畜牧家禽养殖业；将水产养殖业和水产品加工业合并为水产养殖业。则在试点县（市）特色产业行业分布中，轮作物种植业约占32%，林果类种植业约占27%，畜牧家禽养殖业约占28%，水产养殖业约占5%，如图3-2所示。

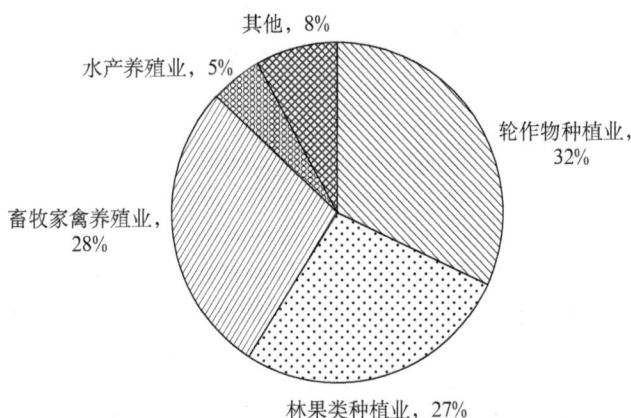

图 3-2 试点县（市）特色产业行业分布特征

由此可见，试点县（市）特色产业90%以上属于大农业范畴，表明我国大部分县域特色产业仍以农业为主。

3.1.3 县域农业特色产业创新的内涵

（1）特色产业的内涵

本书中的特色产业是指具有根植性、市场竞争比较优势和产业创新空间等特征，在县域经济的产业结构中占有主导地位，具有创造就业、促进小城镇建设和富民强县等功能的种植业、养殖业。根据对398个试点县（市）特色产业的统计分析，具体又分为轮作物种植业、林果类种植业、畜牧家禽养殖业、水产养殖业等行业。

（2）新技术成果的内涵

本书中的新技术成果是指培育和壮大县域农业特色产业过程中需要的先进适用农业新技术成果。主要包括三大类：一是优良新品种；二是种植和养殖新技术；三是相关的农产品深加工技术。新技术成果多来自于县域外部，需要本地化开发。

（3）产业创新的内涵

本书中的产业创新是指针对县域农业特色产业发展技术瓶颈，引进、转化、示范和推广一批新技术成果的技术创新及与之相集成的市场创新、组织创新和制度创新，表现为新技术成果价值的增值过程。实质上就是围绕着培育和壮大特色产业、实现富民强县这个目标，以引进、转化、示范和推广一批先进适用新技术成果解决特色产业发展关键技术问题为先导，按照特色产业技术创新的主线，整合特色产业技术变革、市场变革、组织变革和制度变革的活动。因此，本书将此类县域农业科技成果转化活动界定为无创新源的县域农业特色产业创新。

3.2 县域农业特色产业创新的特征

县域特色产业创新过程是新技术成果导入、本地化开发、示范、推广、产业化经营的过程。富民强县的实践表明，试点县（市）的县域特色产业创新活动均选择了这条路径，差别在于导入成果不同，导入的时期不同，导入成果的资金投入和技术来源不同，技术推广的具体形式不同。根据对试点县（市）的县域特色产业创新现状的分析，本书认为县域特色产业创新过程具有以下特征。

3.2.1 外部依赖性

县域特色产业的技术水平与发达县域或国内外发达地区相比，发展阶段相对滞后，发展水平相对低下，产业技术积累相对薄弱。因此，县域特色产业要实现跨越式发展，实现区域经济的追赶，离不开产业技术水平的提高，离不开外部的新技术成果和创新人才。从富民强县支持的县（市）特色产业发展的实际来看，县域特色产业创新模式具有明显的外部依赖性。

第一，特色产业新技术成果大多由外部发达地区导入。调研发现，县域特色产业发展需要的新技术成果主要包括农业新品种，与新品种配套的相关

生产、销售、加工等新技术，且大都需要从外部导入。例如，河北省迁西县为引入优良品种，发展本县板栗产业，从河北科技师范学院、昌黎果树研究所引入919品系、84-3品系、大阪49等板栗优种，同时聘请院士，依托高校和科研院所等外部智力，对板栗早产早丰栽培技术、超密早丰刻拉技术等丰产技术和病虫害综合防治技术进行引进、消化和吸收。

第二，特色产业成果转化资金来源需要中央政府和其他外部实体支持。县域经济基础薄弱，县（市）财政收入相对较少，难以解决全县经济发展所需资金，必须借助中央政府的补贴支持和其他外部机构、实体、企业的投资支持。例如，江西省余干县鄱阳湖区特种水产繁育产业，自2001年起就计划建设黄鳝苗种繁育基地、甲鱼和乌鱼苗种繁育基地、鳜鱼苗种繁育体系、乌鱼苗种繁育基地、河蟹苗种培育基地，但单靠本县实力一直力不从心。2005年该县被列为试点县（市）后，利用富民强县专项资金支持，结合省科技厅的配套拨款及企业外部筹款，2007年年初就顺利完成了五大鱼苗繁育基地的建设，解决了全县及周边地区的鱼苗需求问题，实现了特种养殖产业的跨越式发展。

第三，特色产业技术开发所需的高水平创新人才来自外部大院大所。县域特色产业技术创新急需高水平的创新人才，而当地往往缺乏领军人才，因此必须借助外部智力进行技术引进和开发。例如，内蒙古自治区林西县为发展奶牛养殖业，积极借助外地生物公司、高等院校、科研机构的智力，引进内蒙古农业大学、内蒙古家畜改良工作站、内蒙古赛克星生物工程有限公司等单位的技术专家进行胚胎移植技术、性别控制技术、冷配技术等研究和本地化开发，较好地解决了林西县技术人才缺乏的问题。

第四，广大农民的培训与本土专业人才队伍建设需要借助外部的专家和单位。县域在发展特色产业方面，本土专业人才队伍在数量和质量两方面都存在不足，深受广大农民信任的专家更少，因此，建设本土专业人才队伍，甚至对广大农户进行技术培训往往必须依靠外部专家。从调研情况看，几乎所有的试点县（市）在对农户培训方面都邀请了外部专家，一是对本地技术人员进行培训和帮带，使其具有技术本地化开发能力；二是对广大农户进行技术培训，提高其科技素质，为技术推广打下坚实基础。例如，河北省迁西县先后聘请7位院士、9位博士、19位研究员对农户进行培训，并聘请高校专家长期做技术顾问，提高了广大栗农的科技素质。

第五，特色产业技术开发所需的部分专业设备和场所条件需要求助于技术先进地区和单位。县域特色产业先进技术的本地化开发需要先进的仪器和设备，也需要较好的技术积累，县（市）基层一般仅有一些推广用的简单仪器，无法满足技术开发的需要，从而制约了特色产业技术创新的发展。在试点县（市）调研中，几乎所有的试点县（市）在技术本地化开发上都得到了外部大院大所的支持，或利用大院大所的仪器设备，或借助大院大所的专家力量，或利用其成熟的技术成果。

第六，特色产业的产业化经营（农产品深加工）需要外部大企业和有实力的单位参与。特色产业的发展最终离不开农产品深加工和农业的产业化经营。在县（市）基层，农户一般生产规模较小，分散种植，不具备开办企业进行产品深加工的条件和意识，而当地的农业龙头企业往往综合实力也不强，因此，借助外部实力强的企业和单位来发展当地的农产品深加工，无疑是县域特色产业农产品产业化经营的最优发展方式。例如，内蒙古林西县奶牛养殖业之所以发展，一个重要原因就是他们在努力扩大养殖规模和提高产奶质量的同时，积极与蒙牛集团和伊利集团接洽，动员其来林西建厂进行牛奶深加工。

第七，特色产业的产品和服务多输送到县域以外地区。县域特色产业的发展壮大必然伴随着农产品产量的增加，必然是产品外销的外向型产业。区位理论表明，地区内优势产业的产品必然超出本地的需求而出口到外地。例如，河北省迁西县的板栗不仅畅销全国，而且远销海外，受到国际市场的欢迎。

综上所述，县域特色产业创新过程具有明显的外部依赖性，离不开外部的资源和人才等要素，其实质是一个不断与外部互动资源和信息的过程，是县域特色产业"借力"和"借智"追赶发展的过程，是特色产业依靠外部资源和条件实现产业水平提升、新技术价值增值的创新过程，如图 3-3 所示。

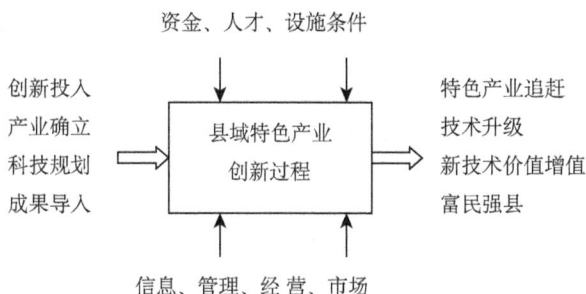

图 3-3　县域农业特色产业创新过程外向性示意

3.2.2 政府主导的不可替代性

农业的弱质性、我国农业的弱势性和农业在国家的基础性、战略性地位等，决定了政府必须参与农业产业的发展。农业是县域经济的重要支柱产业之一，在区域经济发展中具有核心战略地位。特色产业的经济效益相对工业而言规模可能并不大，但综合效益十分突出，如环境效益、生态效益、社会效益等。农业产业的特殊性决定了政府在其发展过程中具有不可或缺和不可替代的作用。因此，党中央、国务院审时度势，将"三农问题"摆上优先位置，2004 年以来连续 5 年的"中央一号文件"都高度关注，这也从另一个方面充分证明县域特色产业创新过程是一个政府主导的过程。

首先，确定本地特色产业和制定其科技发展规划必须由县（市）政府完成。确定某一特色产业为县域支柱产业，是县（市）政府的重要职责。它反映的是县（市）政府从创造县域新的经济增长点出发，立足本地资源特色和优势，结合国家经济、生态、环保及产业政策，在对国内外市场需求和自身综合实力全面分析的基础上形成的政府意志。包括富民强县试点工作在内的县域科技工作，只有努力服务其发展，才能得到县（市）政府的重视。试点县（市）科技部门所引进、推广、转化与应用的先进适用技术成果，之所以得到县（市）政府的高度重视和支持，服务特色产业发展的迫切需求是一个至关重要的原因。

其次，农业新技术成果导入和本地化开发必须由县（市）政府承担。农业新技术成果导入和本地化开发是指在对县域特色产业技术升级需求和已有农业新技术成果的"双重洞察"的基础上，进行的农业新技术成果引进、本地适应性试验和配套技术开发等一系列科技活动。这一科技活动本身具有很高的风险性，同时其成果——本地可植入的、先进适用的农业新技术，又具有很强的公益性。因此，县（市）政府必须承担当地农业科技成果转化过程中的新技术成果导入和本地化开发工作。

最后，农业新技术推广工作必须由县（市）政府为主来推动。由于农业产业的弱质性和在国民经济中的基础性作用，加上农民个体的弱势性和农户生产的分散性，使得与农业新技术推广工作密切相关的科技培训、农民采用新技术风险补贴、科技信息网络建设、基层科技服务平台建设，以及相配套的农业水利及电力等基础设施建设等工作，必须由县（市）政府作为第一推广主体来引导和推动。也只有在县（市）政府的率先投入和大力支持下，按照市场机制积极鼓励企事业单位、中介服务机构、金融业、保险业等多方参与，才能真正做好农业新技术成果推广工作。

3.2.3 多重环节链接、多重困境并存的特性

县域特色产业创新过程具有多环节、多阶段的特性，其实质是新技术成果价值增值过程，可分为产业新技术成果选择阶段、产业新技术成果导入阶段、产业新技术成果本地化开发阶段、产业新技术成果示范阶段、产业新技术成果推广阶段、产业新技术成果产业化经营阶段。

县域特色产业的创新过程在每个环节中都存在着不同的困境。调研发现，在新技术成果选择阶段，基层往往对先进适用技术的实时发展情况掌握不全面，对新技术的成熟度较难判断，能够直接联系上的技术单位也相对有限，存在着技术信息不对称和技术选择受局限的困境；在新技术成果导入阶段，基层往往对将要引进的技术能否适应当地的农业生产条件和农民生产习俗较难预见，对外部技术单位在未来的技术支撑强度较难控制，对引进技术所能带来的实际经济效益较难评估，存在着技术预测凭经验和效益分析难精准的困境；在新技术成果本地化开发阶段，基层往往缺乏高水平的技术人才和先进的研究平台、实验场所、仪器设备，也缺乏相应的研发资金，存在着研发能力较薄弱和试验条件较落后的困境；在新技术成果示范阶段，基层往往缺乏条件较好的示范基地，也缺乏一批有创新意识的乡土人才和较充裕的科技资金支持，存在着示范组织较复杂和科技经费难以落实的困境；在新技术成果推广阶段，基层科技部门的推广能力往往不足，农民采用新技术的意识和积极性不高，农村的金融、保险等机构，以及农业龙头企业、农民专业协会等组织的配套支撑也不足，存在着发动农户较困难和推广体系不健全的困境；在新技术成果产业化经营阶段，基层往往由农业龙头企业和少数农业大户承担农产品深加工等高附加值的生产经营活动，一般农户难以独立承担，长期处于价值链的底端，得不到应得的利润，存在着农户利益难保障和经营机制难创新的困境。各阶段的关系和顺序如图3-4所示，前一阶段不通畅，困境不解决，后一阶段就不能有效地开展，整个新技术成果转化过程就会以失败或无效而告终。

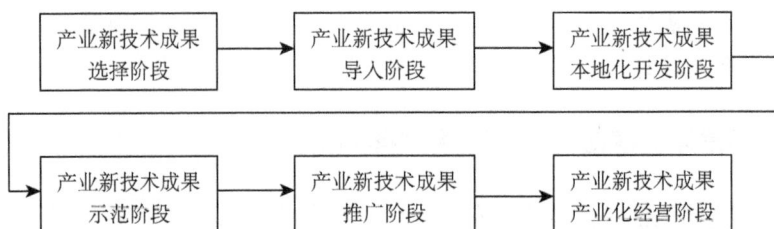

图 3-4　县域农业特色产业创新过程各阶段顺序

3.2.4　多主体参与性

县域特色产业创新过程不同于工业产业的创新过程，由于县域特色产业属农业产业，农业技术创新与工业技术创新相比，其差异表现为研发周期长、风险高，创新成果地域性强，推广速度慢，创新产品公益性强，知识保护难度大。加之农业的基础性、公益性和在我国的战略性基础地位，决定了政府及公益性组织必须作为主体参与进来，特别是在县域特色产业规划和特色产业技术预见等方面。农业技术的创新会涉及经济、生物、社会、环境、农户、政府等多方面的因素，并且随着农业新技术成果的选择、导入、本地化开发、示范、推广和产业化经营工作的推进，涉及的主体从政府和相关产业组织开始，逐步扩展到政府、行会组织、农户、金融、保险、加工企业、农民组织、外部研究机构、生产基地组织及其他市场机构等，如图 3-5 所

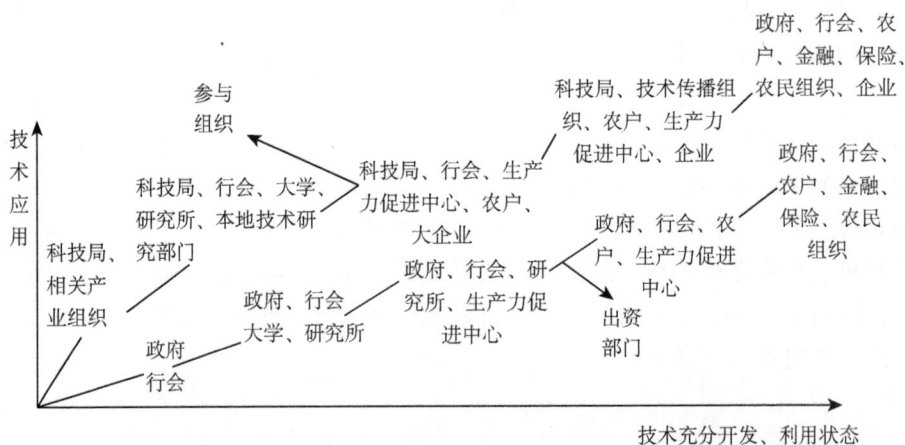

图 3-5　县域农业特色产业创新过程主要参与主体与投资部门

示。这一点不同于工业产业创新过程涉及的主体（工业产业创新多以企业自身或者以企业为主，辅以政策环境和少数规模较大的研究机构和供应商）。

3.2.5 收益多样性、受益主体多样性

调查发现，县域特色产业创新在创造出可观的经济效益的同时，也创造出了可观的社会效益、文化效益等，具有收益多样性和受益主体多样性的特征。

首先，经济效益是产业创新的第一效益，也是产业创新活动实施的根本目的。具体到县域特色产业创新，其目的是依靠产业科技水平的提升，促进产业经济的发展和农民增收；其经济效益受益主体首先是广大农户，然后是农产品加工企业、技术开发和研究机构，进而通过对农产品加工企业征收税收，增加县域的财政收入。

其次，社会效益是县域特色产业创新的重要成果。县域特色产业在县域范围内都一定程度上依赖于本县某种特有的优势资源，如自然资源、区位优势、生产传统等。例如，克什克腾旗肉羊养殖业就是依托本旗天然草场进行绵羊养殖的。这类产业创新可增加自然资源的抗风沙能力，具有防风固沙、节约自然资源、净化空气、保护水源等效益，而这类生态效益受益的主体则遍布全县及周边地区。又如，河北省平泉县食用菌产业利用循环经济的发展模式，节约资源，减少污染，在经济效益增加的情况下，还具有废物利用和环境保护的成效。

最后，县域特色产业创新还有一个最重要的效应，那就是不仅促进农民实现增收，而且是在促进广大农民素质提升的基础上实现的农民普遍增收，增强了农民依靠技术进步实现增收的信心和实力，从而有效改善了县域的"三农问题"，缩小了城乡收入差距，提升了本地特色产业的技术水平和竞争力，提升了县域的经济和社会地位，如表3-3所示。

表 3-3 县域农业特色产业创新的收益种类及受益主体

收益种类	受益主体
经济效益	农户、县财政、农产品加工企业、技术开发和研究机构
防风固沙效益	全县、向内的腹地

收益种类	受益主体
净化空气、水源效益	全县及周边地区
节约本地资源效益	全县
提高农民素质效益	全县农民
提升产业技术水平和竞争力效益	特色产业、本县技术开发机构、主导企业、县经济和科技部门
提升县（市）地位	县（市）政府
解决"三农问题"和城乡差距的社会效益	广大农户、县（市）政府

3.3 现阶段县域农业特色产业创新的障碍

目前，我国县域在开展农业特色产业创新的过程中，由于资源缺乏、机制体制存在障碍等问题，导致产业发展面临很多困难。

3.3.1 县域农业特色产业创新资源缺乏

（1）县域经济总体落后，且区域间发展不均衡

从我国县域经济总体情况来看，县域占有 94% 的国土面积和 73% 的人口，但 GDP 只有全国总量的 60%。地方财政收入占全国的 1/4，全社会商品零售总额、投资、实际利用外资都占全国的 1/3 左右。而且，全国县域经济发展严重不平衡。在全国 2800 多个县（市）中，经济百强县的经济总量已占全国县域经济总量的 1/4，是全国县域平均水平的 4 倍多。2003 年，百强县东部地区有 92 个，中部地区有 6 个，西部地区有 2 个。

根据科技部 2004 年的调查统计，全国县（市、区）平均 GDP 为 38.1 亿元。其中东、中、西部地区县均 GDP 分别为 80.4 亿元、29.3 亿元、18.8 亿元。全国县本级财政收入平均为 2.8 亿元，其中东、中、西部地区县均分别为 6.5 亿元、1.8 亿元、1.4 亿元。全国县本级财政支出平均为 3.2 亿元，其中东、中、西部地区县均分别为 6.1 亿元、2.3 亿元、2.1 亿元。

大部分县域经济属于农业经济，自然经济成分占相当大的比例，工业和

服务业一般发展迟缓或滞后，农业在县域经济中占有特殊的重要地位，是县域经济主要的就业渠道和重要的收入来源。县域经济整体上表现出"农业大县、工业小县、财政穷县"的基本特征。

从县域经济的对比来看，县域经济之间的差距也在不断扩大。发达县和欠发达县相比，县均 GDP 前者是后者的 21 倍；县均地方财政收入前者是后者的 17.4 倍；人均 GDP 前者是后者的 11.6 倍；人均地方财政收入前者是后者的 9.6 倍；农民人均纯收入前者是后者的 4.3 倍。

（2）财政科技拨款比例低，且 1/2 集中在城区

对全国 2769 份有效调查问卷（县 1590 份、县级市 355 份、区 824 份）统计表明，县（市、区）财政科技拨款合计为 99.85 亿元，占财政支出总数的 1.1%，县均 360.6 万元。其中，超过 60% 的县科技投入占财政支出总数的比例不足 1%。

县、县级市、区财政科技拨款总额分别为 24.24 亿元、18.31 亿元、57.3 亿元，分别占本级财政支出总数的 0.6%、1.1%、1.6%，县均分别为 152.4 万元、515.7 万元、695.4 万元。占全国人口 27% 的城区，财政科技拨款占全国的 57.4%；占全国人口 54.2% 的县，财政科技拨款占全国的 24.3%。

（3）县域专业技术人才数量少，且农业专门人才比例低

我国农业研究开发机构中农业科技人力资源规模自 20 世纪 90 年代以来逐年减少，1990—1997 年，职工总数从 126 241 人减少到 112 279 人，净减少 13 962 人，年均递减约 1.66%；其中课题活动人员从 42 674 人减少到 35 004 人，净减少 7670 人，年均递减约 2.79%。1997—2002 年，全国的县级科研机构减少了 251 家，县属研究人员从原来的 45 441 人减少到 35 727 人（表 3-4）。

表 3-4　中国县级科研机构统计

年份	机构数量 / 家	人员 / 人	其中：参与科技活动的人员 / 人	其中：科学家和工程师 / 人
1997	1739	45 441	19 395	6282
1998	1718	43 353	18 837	6025
1999	1669	42 567	18 446	5969
2000	1616	40 352	18 534	6497

续表

年份	机构数量/家	人员/人	其中：参与科技活动的人员/人	其中：科学家和工程师/人
2001	1562	38 978	17 718	6269
2002	1488	35 727	17 005	6155

资料来源：国家统计局。

对全国 2909 个县级行政单元（县 1700 个、县级市 357 个、区 852 个）统计表明，县属及以下专业技术人员总数 1802 万人，平均每万人中有 154 名专业技术人员；其中，农业技术人员 109 万人（占 6.0%），县均为 374.7 人。同时，县域专业技术人员高学历人数偏少，职称普遍较低。大学本科学历及以上 330.98 万人，县均为 1137.8 人。专业技术人员中级职称以上人员只占35.4%。

（4）农业技术创新和推广资源投入不足

从新想法产生，到新技术研发完成，到应用于生产实践，再到在市场上产生收益，整个过程往往需要在农业产业创新活动中给予大量投入。但是，20 世纪 80 年代中期以来，我国财政对农业科研和推广投入严重不足。农业科研单位缺乏经费，科研推广的手段和设备相当落后，严重影响了农业新技术的生成与推广应用。在农业科技推广方面，尽管全国已经有 15.5 万个农业科技推广机构，有 103 万名在编的农业技术推广人员（其中有近 70 万名的专业技术推广人员）。但农业科技推广机构设置不合理，过于分散，县乡机构建制中都有机构设置，各级农业科技推广部门是政府下属的事业单位，政府的财政拨款通常只能够维持人员的开支，农业科技推广活动常常由于经费的缺乏而无法有效展开。

（5）农业技术创新手段落后

由于投入不足，目前我国多数农业科研、推广单位设施落后，许多仍停留在 1950—1960 年的水平，仅具有应用常规技术选育新品种的能力，缺乏进行微观层次操作（如基因操作）育成突破性新品种的技术设备和人才；仅具有一般田间栽培试验的手工作业设施，缺乏可调控光、温、水、肥、气的现代大型野外实验设施，难以对生物的生长发育过程做模拟研究，难以开展农业工厂化生产的实验。

3.3.2 县域农业特色产业创新存在机制体制障碍

（1）县（市）政府在特色产业创新中的推动作用不够

多年来，在党中央、国务院对发展农业的高度重视和正确领导下，各级政府，特别是县级政府对发展县域农业特色产业进行了不懈的努力，但是，从县域农业特色产业发展的状况和富民强县的结果来看，县（市）政府在依靠科技进步实现特色产业创新的推动作用上还有待进一步加强。根据对科技富民强县专项行动计划 398 个试点县（市）数据库的分析，许多试点县（市）政府缺乏特色产业发展规划和特色产业的科技发展规划，致使县域农业特色产业创新缓慢，部门配合不力，科技投入不足。如表 3-5 所示，试点县（市）中，有完善的特色产业发展规划和特色产业科技发展规划的县（市）比例偏低，多数试点县（市）只有部分规划，甚至少数试点县（市）没有规划。

表 3-5　试点县（市）特色产业发展规划情况

规划情况	东部	中部	西部	2003 年百强县
有完善规划	25%	22%	18%	76%
有部分规划	54%	52%	52%	24%
没有规划	21%	26%	30%	0%

（2）我国县级科技管理与服务部门的条件建设落后，甚至没有科技管理部门

根据当时的调查统计，在县级科技管理部门与服务部门的条件建设上，超过 10% 的县没有独立的科技管理部门，科技管理职能并入了农技部门、水利部门或林业部门；超过半数的县级科技管理部门办公面积小于 200 平方米。2003 年，全国有 82.7% 的县（市、区）设有独立的科技管理机构，其中东、中、西部地区占本区域县（市、区）总个数的 89.2%、82.2%、79.1%；全国有 499 个县（市、区）科技管理机构被撤并为非独立的机构，撤并率为 17.3%，其中东、中、西部地区分别为 78 个、187 个、234 个，撤并率分别为 10.8%、17.8%、20.9%。2003 年，全国县均办公面积 298.1 平方米，其中东部地区县均办公面积 488.9 平方米；中部地区县均办公面积 279.9 平方米；西部地区县均办公面积 189.2 平方米。

（3）激励机制不健全，农业技术创新动力不足

目前，我国对公共农业产业创新活动的激励不充分。在收入方面，脑体倒挂现象仍然比较严重，农业科研、推广人员的待遇较低，导致农业技术创新源生成的激励不足，也缺乏农业技术创新扩散激励机制。由于农业比较利益低，农民对新技术的需求动力不足，采用新技术的积极性也不高。

（4）特色产业创新的科技服务体系不健全

由于历史和体制的原因，县域农业特色产业科技服务体系不健全，影响着特色产业新技术成果的推广。根据对科技富民强县专项行动计划 398 个试点县（市）数据库的分析，在试点县（市）中，有工程技术研究中心、生产力促进中心、科技咨询机构、企业孵化器、技术市场的县（市）比例情况如表 3-6 所示，其中，其他组织机构是指行业协会、农民合作组织等。

表 3-6　试点县（市）特色产业科技服务机构与组织情况

地区	工程技术研究中心	生产力促进中心	科技咨询机构	企业孵化器	技术市场	其他组织机构（县均，个）
东部	5%	12%	80%	30%	42%	7
中部	3%	10%	76%	27%	30%	2
西部	3%	4%	70%	22%	—	1
2003 年百强县	8%	27%	100%	54%	67%	8

（5）技术创新体系缺失环节严重

中华人民共和国成立以来，我国政府一直在努力建设和完善农业科研、推广体系。尽管经历了政治运动的动荡和破坏，1949—1980 年，中国建立起了世界上规模最大的农业技术推广服务体系。1949—1958 年，在农村共建立4549 个技术推广站，覆盖全国 55% 的县和 10% 的区。当时，我国农村地区文盲率超过 80%，技术推广服务为缺乏文化知识的农民提供了及时的技术支持与初步培训。然而，接下来的三年困难时期和国际政治环境迅速恶化，给我国农业技术推广体系带来了严重影响。1959—1961 年，我国有 1/3 的农业技术推广站被精简掉。随后的"文化大革命"进一步导致农技推广工作瘫痪。

在经济体制改革和新技术革命的双重冲击下，我国众多地区的农业科技推广体系面临"线断、人散、网破"的困境。传统的线性农技推广体系无

法满足日益复杂和动态变化的农业技术与市场需求。例如，教育环节在我国
农业技术创新中非常滞后，农村教育状况堪忧。技术创新系统中的各个主体
彼此之间缺乏联系，农业创新网络没有充分运行起来。另外，在农业服务推
广工作中还没有形成非常稳定的网络，参与者的创新行为及其相互联系也
较弱。

3.4　本章小结

本章界定了县域农业特色产业创新的内涵、特征和条件。根据对专项
行动试点工作的总结分析，将其视为由政府主导的县域农业特色产业创新活
动，是一项县域农业特色产业新技术成果转化的系统工程；并提出了县域农
业特色产业创新的特征；依据 2004 年全国县（市）科技工作问卷调查数据和
398 个专项行动试点县（市）数据，统计分析了我国县域农业特色产业创新
的条件。

第四章　县域农业特色产业创新过程模型

4.1　县域农业特色产业创新的情景

4.1.1　情景分析法简介

（1）情景分析法产生的背景及其理论基础

传统的预测方法主要是指统计预测方法，依据已有大量历史数据，凭借经济模型、回归分析和时间序列等方法预测未来的趋势。众所周知，在拥有大量历史数据，而且关键变量间的关系在未来保持不变时，统计预测方法一般比较有效。但在动荡多变和错综复杂的环境下，由于关键变量间的历史联系的假设跟实际情况不符，因而统计预测方法很难奏效。与之恰恰相反，由于明确地聚焦于长期计划的假设，情景分析法则显得格外突出。其价值在于它能使人们对一个复杂事件尽早做好准备，并相应地采取积极行动，使负面因素最小化，正面因素最大化。

关于情景分析法理论基础的最基本观点是未来充满不确定性，但未来有部分内容是可以预测的。这是由不确定性的特征决定的。曾忠禄、张冬梅在对不确定性进行分解时，将不确定性看成由两个部分构成：①"影响系统"中本质上的不确定因素。"影响系统"是指影响某一事件的趋势或发展的，相互联系、相互影响的多种因素构成的体系。影响系统中本质上的不确定因素是无法预测的。②缺乏信息和缺乏对影响系统的了解。如果采用比较科学、系统的方法来把可预测的东西同不确定的东西分离出来，通过对影响系统和其可预测的、规律性的因素的更多了解，就可以大幅降低不确定性，从而能预测未来的某些发展。

（2）情景分析法的相关概念、特点及其理论体系构成

岳珍、赖茂生（2006）在《国外"情景分析"方法的进展》一文中，张学才、

郭瑞雪（2005）在《情景分析方法综述》一文中，都对情景分析法的概念、体系、步骤等进行了详细介绍。借鉴和综合他们及其他研究者的研究成果，我们可以较为清晰地了解情景分析法的由来、发展、特点和应用等情况。

"情景"（Scenario）最早出现于1967年H. Kahn和A. Weiner合著的《2000年》一书中。他们认为，未来是多样的，几种潜在的结果都有可能在未来实现；通向这种或那种未来结果的途径也不是唯一的，对可能出现的未来及实现这种未来的途径的描述构成一个情景。"情景"，是对未来情形及能使事态由初始状态向未来状态发展的一系列事实的描述。

国内外学者一般通过描述情景分析的过程，来分析情景分析的内涵，基于"情景"的"情景分析法"（Scenario Analysis）是在对经济、产业或技术的重大演变提出各种关键假设的基础上，通过对未来详细地、严密地、科学地推理和描述来构想未来各种可能的方案。情景分析法的最大优势，是能帮助管理者发现未来变化的某些趋势和避免两个最常见的决策错误：过高或过低估计未来的变化及其影响。

综合国内外相关的研究成果，宗蓓华（1994）认为情景分析具有以下几个方面的本质特点：①承认未来的发展是多样化的，有多种可能发展的趋势，其预测结果也将是多维的。②承认人在未来发展中的"能动作用"，把分析未来发展中决策者的群体意图和愿望作为情景分析中的一个重要方面，并在情景分析过程中与决策者之间保持畅通的信息交流。③在情景分析中，特别注意对组织发展起重要作用的关键因素和协调一致性关系的分析。④情景分析中的定量分析与传统趋势外推型的定量分析区别在于：情景分析在定量分析中嵌入大量的定性分析，以指导定量分析的进行，所以是一种融定性与定量分析于一体的新预测方法。⑤情景分析是一种对未来研究的思维方法，它所使用的技术方法手段大都来源于其他相关学科，重点在于如何有效获取和处理专家的经验知识，这使得情景分析具有心理学、未来学和统计学等学科的特征。

国外的经济学家对"情景"理论体系的构成有不同的看法。Fahey认为一个情景应该包括结束状态（End-state）、策略（Plot or Story）、驱动力（Driving Force）和逻辑（Logics）4个要素，每个要素都可以多个方式发展，并且这些要素的相互关联可导致不同类型的竞争情景。Fink认为"情景管理"应建立在下列主要原则之上：①系统思考（System Thinking）；②开放式未来思考（Future-open Thinking）；③策略性思考（Strategic Thinking）。

（3）情景分析法的具体步骤及其应用领域

关于情景分析法的具体操作步骤有不少版本，典型的有：Gilbert 的 10 个步骤：①提出规划的前景假设；②定义时间轴和决策空间；③回顾历史；④确定普通和相矛盾的假设；⑤为结构变量决定连接到多样性的指示；⑥为填充决策空间而构建情景草案；⑦有的竞争者草拟策略；⑧略映射到情景；⑨使替代的策略有效；⑩选择或者适应最好的策略。斯坦福研究院（Stanford Research Institute，SRI）的 6 个步骤：①明确决策焦点；②识别关键因素；③分析外在驱动力量；④选择不确定的轴向；⑤发展情景逻辑；⑥分析情景的内容。目前，斯坦福研究院的 6 个步骤更为大多数国际组织和公司所常用。此外，还有 Fink 的 5 个阶段：①情景准备；②情景域分析；③情景预测；④情景发展；⑤情景传递。朱跃中借鉴 Ged Davis 的做法提出 6 个步骤：①建立一个核心研究小组；②研究小组明确研究目的；③有选择地与相关领域的专家座谈；④情景构建；⑤评述和修订；⑥提出政策措施等。

以上几个版本的情景分析法具体步骤，形式上各有不同，但从实质上来看，它们都有一个明显的共同点，就是对情景关键因素的分析。这些方法都认为这一步骤是否完善将导致对最后各个情景预测的可信性与准确性。

情景分析法在许多方面得到了广泛的应用。①企业管理领域：可以将情景规划作为一种激励手段，用于人力资源管理，意在调动员工的积极性和创造性。②经济评价与预测领域：情景分析法是其他学科的理论和方法的综合集成。因此，多数进行经济评价与预测的研究者，一般首先选择某种定量分析工具，对一些指标进行量化评估；其次再借助定量工具得出不同情景下的发展状况；最后再对这些结果进行比较、分析，提出相应的措施与建议。国外运用情景分析进行经济评估与预测的研究很多，主要集中在交通规划、农业发展、能源需求、气候变化等领域。

（4）情景分析法运行中出现的错误及其本身的局限性

情景分析法对企业制定战略决策诚然是一种非常有效的方法，但也存在自身的局限性。情景分析法导致的错误，总体上可分为两大类：一是研究人员在情景分析过程中经常会出现一些失误。Liam Fahey 认为造成这些失误的原因有三大类：①构建性错误。②访问错误。③组织错误。二是情景分析本身就具有一定的局限性：①过程复杂。②近期效果不显著。③受到公司传统模式的制约。

4.1.2　5个试点县（市）特色产业创新情景

根据对2005—2007年科技部、财政部确定的398个试点县（市）的统计，立项支持的县域特色产业90%以上属于大农业范畴。结合专项行动的实施，课题组从试点县（市）中随机选择了河北省迁西县、河北省平泉县、内蒙古自治区克什克腾旗、内蒙古自治区林西县和江西省余干县5个发展农业特色产业的试点县（市）进行了全面的实地调研。根据调研了解的情况和数据，结合专项行动的年报资料和数据，运用情景分析法，构建了相应的县域特色产业创新的情景图，包括：河北省迁西县"板栗特色产业系列技术开发与应用"（图4-1）、河北省平泉县"食用菌特色产业循环经济配套技术开发与应用"（图4-2）、内蒙古自治区克什克腾旗"肉羊繁殖技术推广体系建设与农牧业产业化"（图4-3）、内蒙古自治区林西县"优质奶牛肉牛养殖技术集成推广"（图4-4)和江西省余干县"鄱阳湖区域特种水产繁育体系建设及示范"（图4-5）5个试点县（市）特色产业新技术成果转化情景。

政府联合龙头企业建立加工技术研发中试基地

| 药物利用价值开发、其他功能开发、栗膳无公害生产技术开发 | 功能开发 |
| 栗仁防老化技术、保质期技术、密封包装技术、保鲜技术 | 加工技术 |

深加工系列技术研发、功能研究

| 加工技术、功能研究 |

农产品采购、深加工、销售

| 板栗深加工、销售 |

加工生产组织模式

| 龙头企业+农户（板栗合作社）、龙头企业+中小企业、工商局"订单农业"、新型农村合作组织 |
| 政府帮助加工、销售 |
| 对专利全额补贴、帮助联系销售渠道、奖励出口 |

规范化种植、普及

| 板栗优良品种普及 |
| 示范基地：20万亩 |
| 劣质板栗技术传播站、迁西板栗技术传播站、板栗产业研发中心、板栗经济林学会、生产力促进中心、科协 |
| 科技局、生产力促进中心组织 |

生产力促进中心组织

| 引入外部智力、内外资源结合 |
| 燕山科技信息网、中国迁西板栗网、农村信息进村入户服务系统 | 县专家咨询服务团、迁西板栗技术传播站、农民板栗技术研究会、科普大集、专题讲座 |
| 信息平台 | 技术培训体系 |

提高劳动力素质

生产技术培训与推广

| 丰产技术、防控技术 |

科技创新平台　培训

优种示范推广

| 板栗优良品种示范广 |
| 示范基地：无公害标准化生产试验示范基地：500+600亩 |
| 示范区　2万亩 |
| 辐射区　15万亩 |

引入外部智力、内外资源结合

院士工作站、高校、科研院所、自研	病虫害综合防治技术等
板栗病虫害早栽培技术、超密早丰剞技术等	
丰产技术	防控技术

适用技术选择与开发

| 丰产技术、防控技术 |

种子选育

| 板栗优良品种选育 |

新品种引进 919系、84-3品系、大瓜49	筛选原有良种 燕山早丰、大叶青
河北科技师范学院、昌黎果树研究所	
优种选育示范基地	
40℃日光温室、相关硬件	

技术经济分析

品种生长特性、适宜本地性、产品质量与产量、投产出周期、投入资金、移植的技术可行性

科技局、生产力促进中心、板栗协会、科协

技术经济分析

技术可行性、效果显著性、可持续性、投入资金合理性

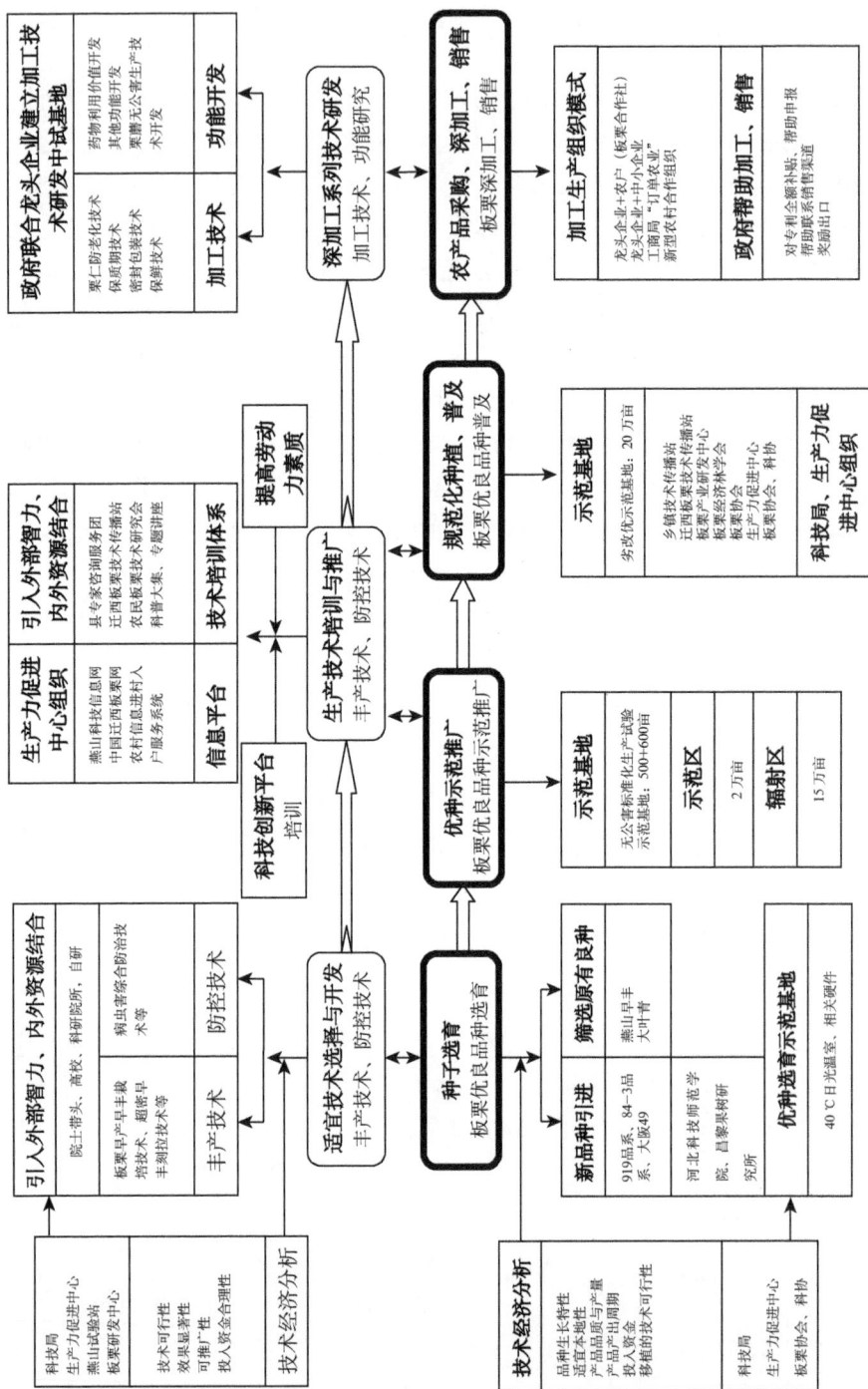

图4-1　河北省迁西县"板栗特色产业系列技术开发与应用"产业创新情景

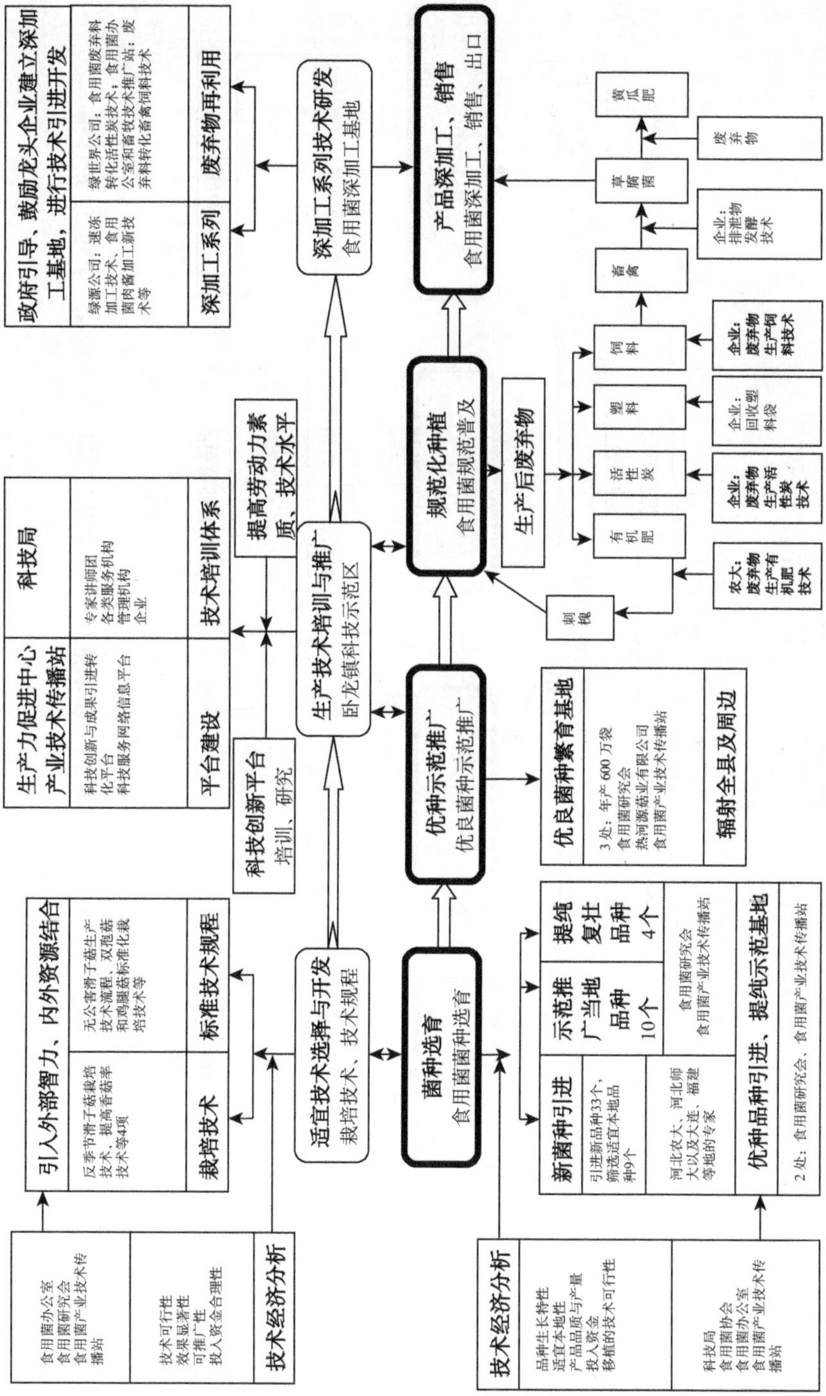

图 4-2 河北省平泉县 "食用菌特色产业循环经济配套技术开发与应用" 产业创新情景

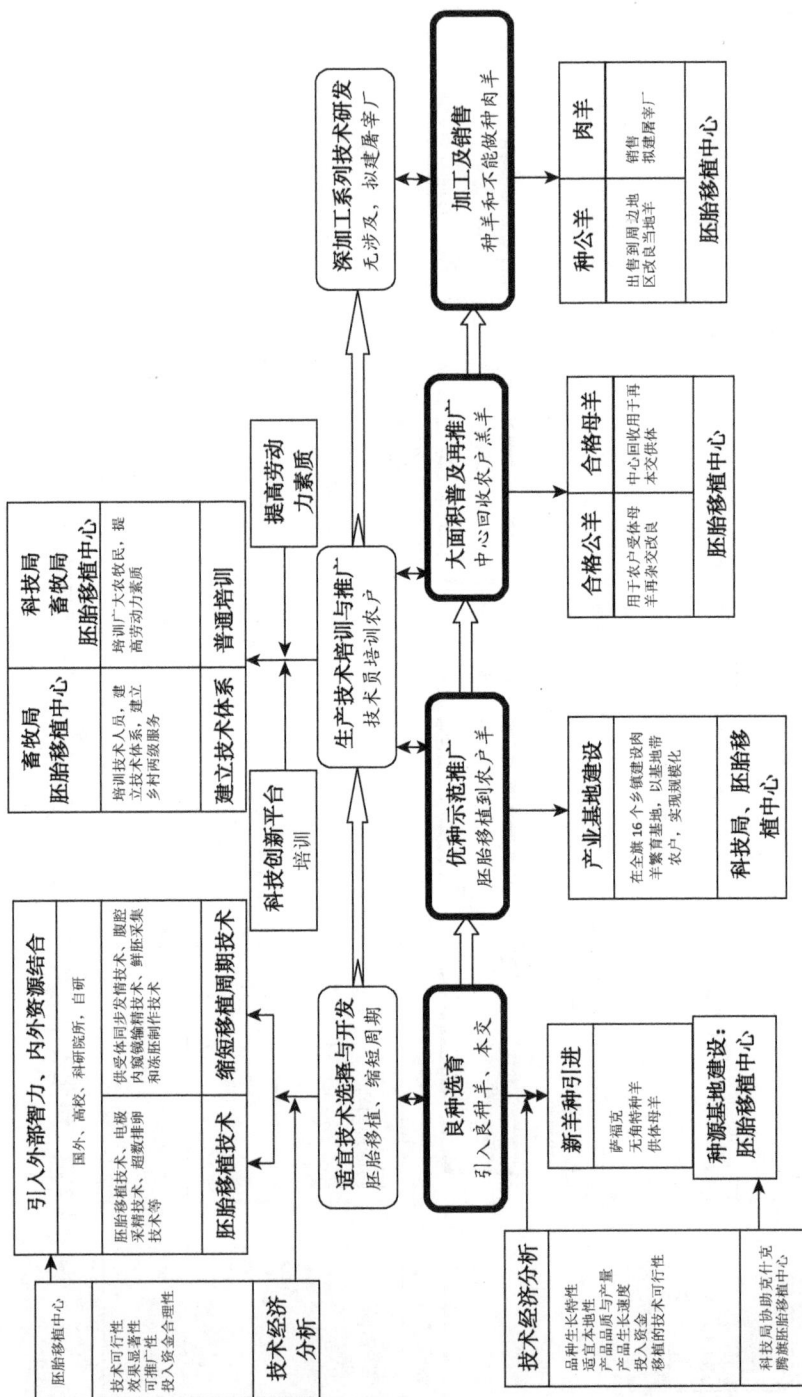

图 4-3　内蒙古自治区克什克腾旗 "肉羊繁殖技术推广体系建设与农牧业产业化" 产业创新情景

深加工系列技术研发
无污及、拟建屠宰厂

加工及销售
种羊和不能做种肉羊

种公羊
出售到周边地区改良当地肉羊

肉羊
销售
拟建屠宰厂

胚胎移植中心

科技局 畜牧局 胚胎移植中心
培训技术人员，建立技术体系，提高劳动力素质
普通培训

畜牧局 胚胎移植中心
培训技术人员，建立技术体系，建立乡村两级服务
建立技术体系

大面积普及及再推广
中心回收农户黑羊

合格公羊
用于农户受体母羊再杂交改良

合格母羊
中心回收用于再本交供体

胚胎移植中心

提高劳动力素质

生产技术培训与推广
技术员 培训农户

科技创新平台
培训

优种示范推广
胚胎移植到农户羊

产业基地建设
在全旗16个乡镇建设肉羊繁育基地，以基地带农户，实现规模化
科技局、胚胎移植中心

引入外部智力、内外资源结合
国外、高校、科研院所、自研
供受体同步发情技术、胚腔内窥镜精精技术、鲜胚采集技术等

胚胎移植技术
胚胎移植技术、电极超数排卵和冻胚制作技术
胚胎移植技术

适度技术选择与开发
缩短移植周期
胚胎移植、缩短周期

良种选育
引入良种羊、本交

新羊种引进
萨福克
无角陶赛特种羊
供体母羊

种源基地建设：
胚胎移植中心

技术经济分析

胚胎移植中心
技术可行性
效果显著性
可推广性
投入资金合理性

技术经济分析
品种生长特性
适宜本地性
产品质量与产量
产品生长速度
投入资金
移植的技术可行性
科技局协助克什克腾胚胎移植中心

引入外部智力、内外资源结合
- 生物公司、高校、科研院所
- 胚胎移植技术、性别控制技术、冷配技术等
- 先进模式化养殖技术、疾病防控技术、肉牛快速育肥技术等
- 繁殖技术
- 养殖规范技术等

科技局 畜牧局 外部专家 / 科技局 畜牧局 科技服务中心
- 聘请专家、多次培训技术人员、建立技术体系
- 培训广大农牧民，提高劳动力素质
- 建技术体系
- 普通培训

提高劳动力素质

科技创新平台 培训

深加工系列技术研发 —— 无涉及

加工及销售 —— 主要销往伊利、蒙牛

拟引入牛奶加工企业
- 现主要销往蒙牛、伊利，拟通过扩大养殖规模，吸引牛奶加工企业
- 科技局指导

生产技术培训与推广 —— 技术员培训农户

大面积普及再推广 —— 示范全县
- 对全县示范、指导
- 缺乏足够资金惠及全县，部分惠及部分示范

适宜技术选择与开发 —— 养殖规范
- 繁殖技术、养殖技术

规范养殖、推广 —— 建设奶牛养殖小区

良种选育 —— 优质奶牛、肉牛、冻液

奶牛小区建设 肉牛养殖育肥基地
- 在全县16处乡镇建设奶牛小区、规范养殖，推广胚胎移植、冷配
- 县政府采购、建设

技术经济分析
- 科技局 科技服务中心
- 技术可行性 效果显著性 可推广性 投入安全合理性

引进新牛种
- 购买荷斯坦奶牛2000头
- 购买西门塔尔、夏洛来、安格斯、蒙古牛等肉牛
- 科技局、畜牧局

购买优秀冷冻奶牛精液 —— 6个奶牛小区建立技术研究示范基地

购买肉牛冷冻精液

高产奶牛基地建设、奶冷配站 —— 县政府采购、建设

技术经济分析
- 品种生长特性 适宜本地性 产品品质与产量 投入资金 移植的技术可行性

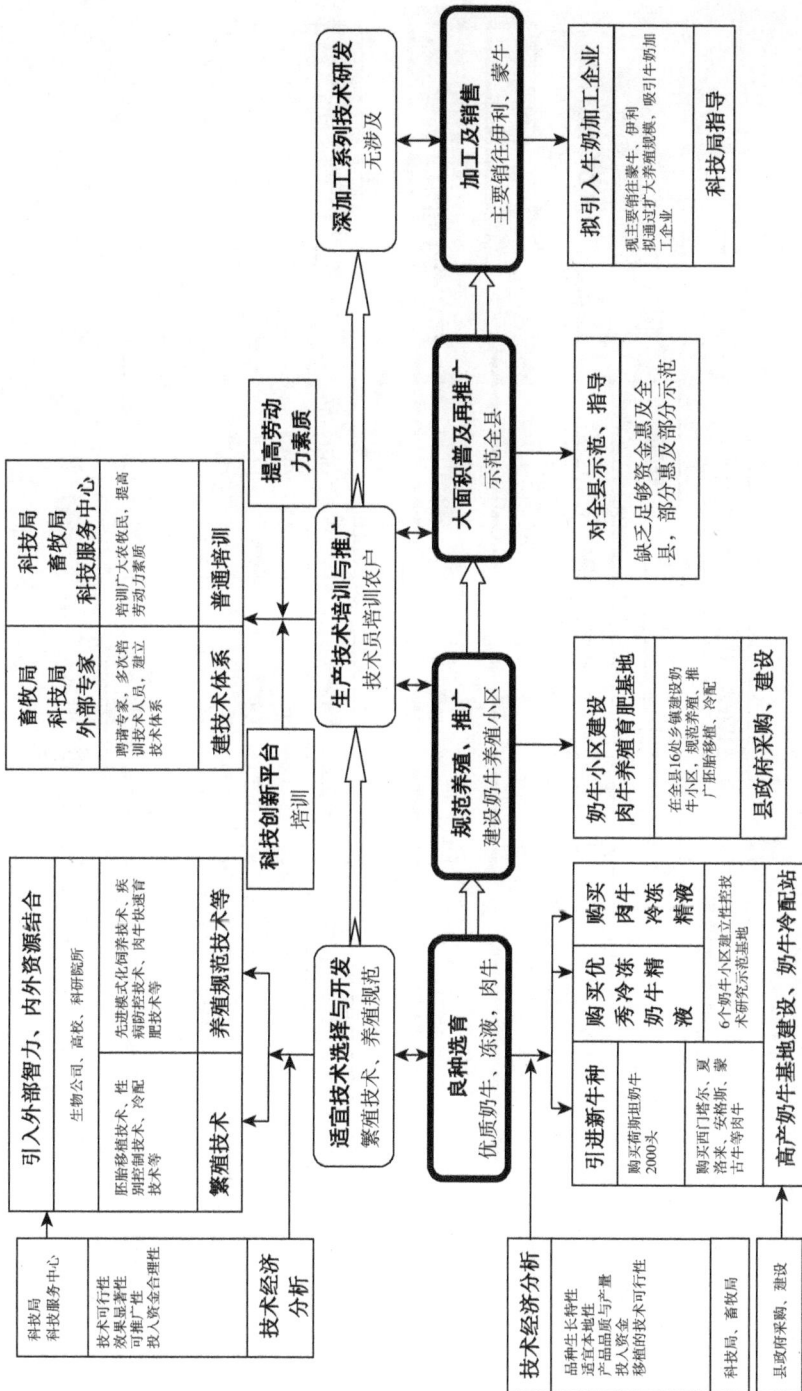

图4—4 内蒙古自治区林西县"优质奶牛肉牛养殖技术集成推广"产业创新情景

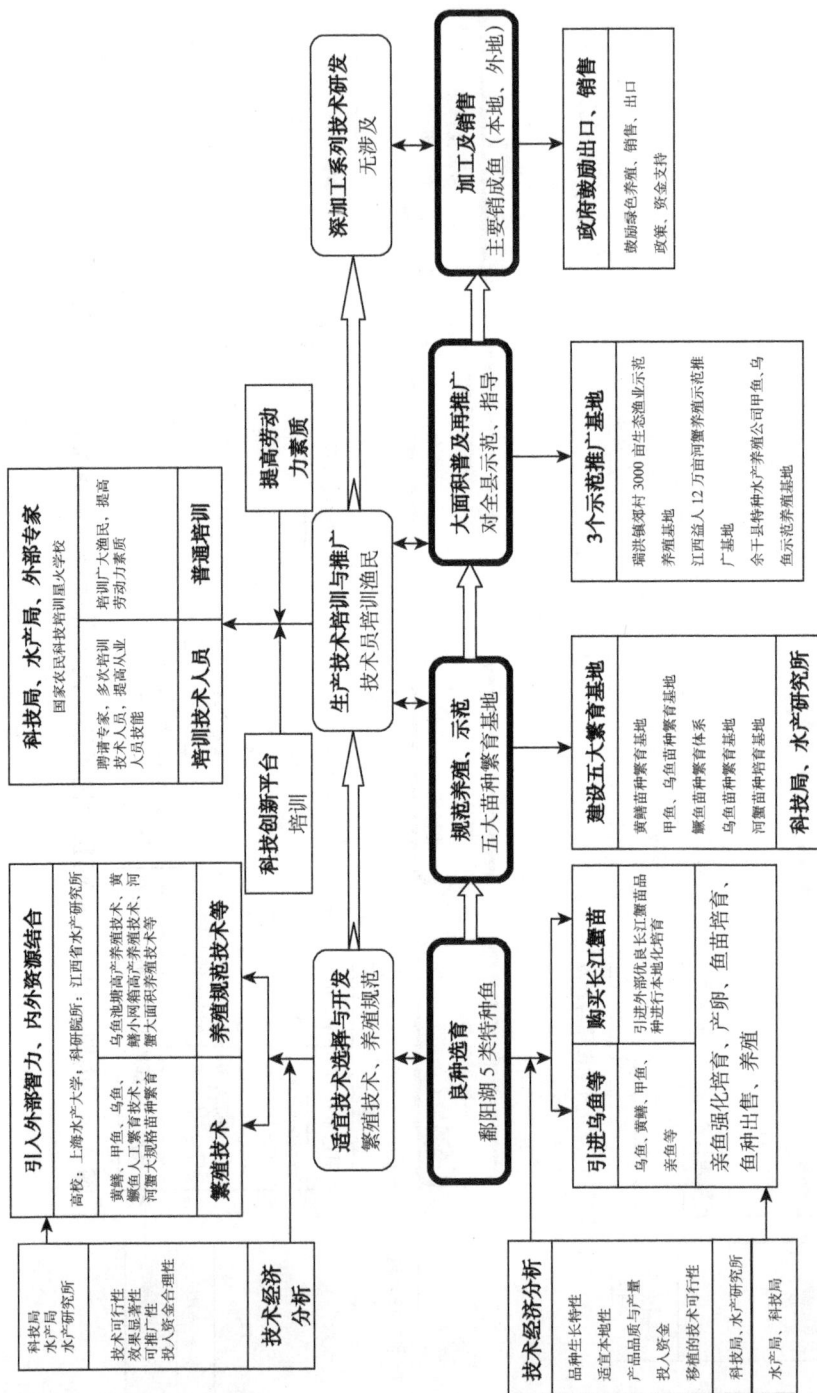

图 4-5　江西省余干县"鄱阳湖区域特种水产繁育体系建设及示范"产业创新情景

4.2 县域农业特色产业创新情景分析

根据实地调研和对县域农业特色产业创新活动的统计分析，得出如下结论。

4.2.1 特色产业创新资金投入分析

特色产业创新资金不足，资金投入多分布在新技术成果的引进、消化和推广环节。试点县（市）特色产业创新资金投入总量不大，调研的县（市）科技部门主要负责人均认为创新资金投入不足，亟待改善，如调研的内蒙古自治区林西县，国家、内蒙古自治区、赤峰市、林西县四级政府对科技的年投入金额只够林西县建设几处奶牛小区和引进数十头奶牛，而这些对于一个县的特色产业需求来说还差很多。就投入的资金来说，50% ~ 80% 用于引进新技术、新品种和示范推广工作中，其他环节的投入则相对较少。以调研的河北省迁西县板栗产业、内蒙古自治区克什克腾旗肉羊养殖业、内蒙古自治区林西县奶牛养殖业、江西省余干县特种水产养殖业、河北省平泉县食用菌种植业为例，试点县（市）2006年特色产业创新资金投入如表4-1所示。

表 4-1　试点县（市）2006 年特色产业创新资金投入分布情况

单位：万元

地区	新技术、新品种引进		品种、技术示范推广		科技服务费		培训费		其他费用	
	资金量	比例	资金量	比例	资金量	比例	资金量	比例	资金量	比例
迁西县	240	32.43%	250	33.78%	150	20.27%	100	13.51%	—	—
克什克腾旗	308.28	19.49%	742.68	46.96%	20	1.26%	15.44	0.98%	495.28	31.31%
林西县	339	49.71%	28	4.11%	50	7.33%	15	2.20%	250	36.66%
余干县	200	33.33%	300	50.00%	50	8.33%	50	8.33%	—	—

数据来源：实地调研时根据各县提供的项目进展报告整理得到。

注："—"表示该县提供的项目进展报告表中无此项数据；克什克腾旗"其他费用"中 495.28 万元为胚胎移植羔羊回收和药品 2 项费用；林西县"其他费用"中 250 万元为奶牛小区建设费用。

从图 4-6 可以看出，各县情况大致相同，绝大部分科技经费投入都用于新技术、新品种引进和示范推广两个方面。虽然没有得到河北省平泉县食用菌产业的具体数据，但从与科技部门负责人的谈话中也得出类似结论。

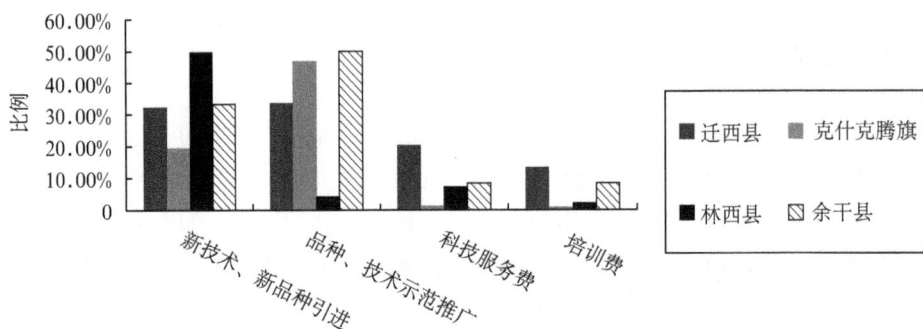

图 4-6　试点县（市）特色产业创新投入分布情况

以河北省迁西县为例，2006 年迁西县板栗产业新技术、新品种引进费用 240 万元，占产业创新总投入的 32.43%，用于品种、技术示范推广的费用250 万元，占 33.78%，两项费用占到总费用的 66.21%，如图 4-7 所示。由此可见，试点县（市）特色产业发展的重点在品种和技术的改良方面，产业发展的路径也是新技术成果的导入、本地化、示范、推广路线。

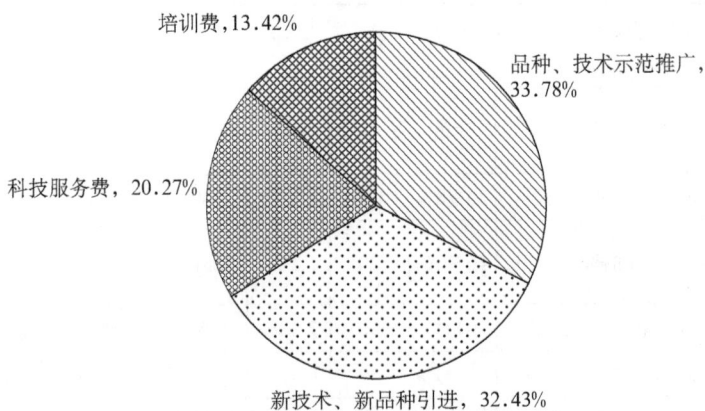

图 4-7　迁西县板栗产业创新投入分布情况

4.2.2　特色产业技术人才构成分析

特色产业技术人才主要由外部专家、本地技术人才和广大农民组成。试点县（市）特色产业的人才投入相对于工业产业比较复杂，主要由3个部分组成：区域外大学和研究院所的专家和专业技术人才，负责县域农业特色产业的技术攻关、技术本地化开发和县技术人员的培训工作，有时充当技术顾问；本地技术人才队伍，主要负责产业的生产活动、对广大农户的科技培训和特色产业的技术本地化开发，有时也辅助外部专家进行新技术攻关研究；本县广大农民，主要承担特色产业的农产品生产和加工的具体任务。由于广大试点县（市）资金不足、研究条件和平台缺失、技术人才缺乏，特色产业发展所需的技术只能聘请外部专家进行合作研究，甚至有些技术开发完全依赖外部专家。从调研情况看，大部分县（市）长年聘请了外部专家进行技术开发研究。存在的区别是产业发展较早、技术积累有一定基础的县域农业特色产业，聘请的专家侧重技术顾问和技术人员培训，本地技术人才队伍具有相当规模，能胜任一定的本地化开发工作，广大农户积极性高；而基础相对较弱的县域农业特色产业，则较多依赖外部专家，本地技术人才队伍尚未形成，不能胜任本地化开发工作，广大农户科技素质较低，培训工作艰巨。但从产业创新过程看，试点县（市）产业技术人才都由外部专家、本地技术人才和广大农民组成。

仍以调研的河北省迁西县板栗产业、内蒙古自治区克什克腾旗肉羊养殖业、内蒙古自治区林西县奶牛养殖业、江西省余干县特种水产养殖业、河北省平泉县食用菌种植业为例，试点县（市）特色产业创新投入如表4-2所示。

表4-2　试点县（市）特色产业技术人才组成情况

地区	外部专家	本地技术人才	广大农户
迁西县	从大学和研究院所先后聘请7位院士、9位博士、19位研究员	以生产力促进中心人员为主，科技局农业部门，全县各类专业人才	广大栗农、有关板栗加工企业工人
克什克腾旗	技术支持单位有中国农业大学、内蒙古畜牧科学院、内蒙古家畜改良工作站，聘请外地专家	胚胎移植中心研究人员、畜牧局技术员	广大牧民

地区	外部专家	本地技术人才	广大农户
林西县	内蒙古农业大学、内蒙古自治区家畜改良工作站、内蒙古赛克星生物工程有限公司、林西县畜牧技术推广中心聘请专家	畜牧局技术人员，林西县各兽医站人员	广大牧民、圈养牛农户
余干县	中国科学院、上海水产大学，江西省水产研究所聘请专家	余干县水产研究所、本地其他技术人员	广大渔民
平泉县	河北农业大学，河北师范大学，大连、福建等地聘请外地专家	科技局技术人员、有关食用菌加工企业技术员、食用菌研究会、食用菌产业技术传播站人员	广大菇农、有关食用菌加工企业工人

4.2.3 特色产业技术水平分析

特色产业技术多样化、技术水平参差不齐，产业附加值普遍较低。试点县（市）特色产业的技术呈现多样化的特点，技术水平也因发展的历史和发展的情况参差不齐，产业附加值普遍没有达到应有水平，处于较低的位置。从品种上看，各县都需要从区域外引进新的、适宜本地发展的品种并加以推广，尽管有的县有优良的品种，但远远不能满足市场和本县特色产业发展的需求。技术类别通常是围绕新品种的生长、农产品的加工的相关丰产技术、防病技术、繁殖技术、缩短移植周期技术、保鲜技术等。技术水平上有的区域领先，有的国内领先，并在本地形成一定的积累，有的则因发展历史短，技术落后，没有积累，但总体上没有一个县（市）特色产业技术水平具有绝对的竞争优势，都在联合区域外专家，进行新技术开发和引进技术的消化吸收。各试点县（市）特色产业的产业附加值和产品科技含量普遍较低，需要提升产品科技含量和产业附加值。

仍以调研的河北省迁西县板栗产业、内蒙古自治区克什克腾旗肉羊养殖业、内蒙古自治区林西县奶牛养殖业、江西省余干县特种水产养殖业、河北省平泉县食用菌种植业为例，特色产业技术情况如表4-3所示。

表4-3 试点县（市）特色产业技术情况

地区	品种	技术种类	技术水平	产品深加工	产品科技含量	产业附加值
迁西县	仍需要引进外地优良品种，并本地化、推广本地已有优良品种，优良品系不全	丰产技术防病技术	技术开发水平高（内外联合开发），国内先进；主要生产技术在本地形成积累	低	低	低
克什克腾旗	需要引进外地优良品种	胚胎移植技术缩短移植周期技术	技术开发水平高（内外联合开发），国内领先；主要生产技术在本地形成积累，历史长	低	低	低
林西县	仍需要引进外地优良品种	繁殖技术规范养殖技术	引进的技术水平高，本地技术水平低；主要生产技术在本地没有形成积累，历史短	高（本地无深加工）	高（本地无法解决技术问题）	高（本地无深加工）
余干县	仍需要引进外地优良品种	繁殖技术规范养殖技术	引进的技术水平高，本地技术水平低；主要生产技术在本地形成一定积累，有一定历史	中（本地无深加工）	中（本地无法解决技术问题）	中（本地无深加工）
平泉县	需要引进外地优良品种；本地也有优良品种，有的品种需要复壮	生产技术规程栽培技术	技术开发水平高（内外联合开发），区域内先进；主要生产技术在本地形成积累	高（本地有深加工）	高（本地有一定科技含量）	高（产品有一定附加值）

4.2.4 特色产业发展状态分析

特色产业发展处于自发状态，急需政府规划、引导。各试点县（市）特色产业发展历史长短不一，有的有 20 多年的发展历史或者更长，有的只有两三年历史。产业发展规模、速度也不一，产业发展的重点和发展模式、创新类型也不尽相同。产业产品的生产周期也不同，生产周期长的产业，农民更换技术或品种需要支付高昂的转换成本，因此技术推广工作困难，需求的资

金也比较多，农产品生产周期短的产业则相反。从调研中发现，发展历史短的产业，其创新体系没有形成，多处于创新要素积累阶段，发展历史长的产业则具有相对完整的产业创新体系，但几乎所有的产业发展的核心都是新品种的选育、新技术的研发与引进、推广。从价值链上看，广大农民都处于价值链的底端，这种情况急需改善。产业的发展大都需要特定的自然资源，都需要政府部门充分的组织和管理。

仍以调研的河北省迁西县板栗产业、内蒙古自治区克什克腾旗肉羊养殖业、内蒙古自治区林西县奶牛养殖业、江西省余干县特种水产养殖业、河北省平泉县食用菌种植业为例，试点县（市）特色产业创新特征如表4-4所示。

表4-4 试点县（市）特色产业发展特征

地区	产品生产周期	产业链长短	价值链位置	现阶段发展核心	资源依赖	产业发展阶段	产业发展类型
迁西县	3年以上	产业链短	农民处于价值链低处	提升创新能力	土质、气候	技术提升阶段	属于政府主导型
克什克腾旗	1年左右	产业链短，无深加工	农民处于价值链低处，胚胎移植中心处于价值链中间	扩大规模	草场、牧场	产业规模扩大阶段	研究中心（主导企业）带动与政府引导相结合型
林西县	2.5年左右	肉牛产业链短，奶牛产业链长	牧民处于价值链低处，价值被牛奶公司垄断	扩大规模、提高技术（人员）水平	草场、牧场	要素积累阶段	政府主导与市场引导相结合型
余干县	1～3年	产业链短	渔民处于价值链低处，价值被销售、品种引进、关键技术开发占有	扩大规模、提高技术（人员）水平	气候、水域	基本技术需求与产业规模扩大阶段	政府主导与企业带动相结合型

地区	产品生产周期	产业链长短	价值链位置	现阶段发展核心	资源依赖	产业发展阶段	产业发展类型
平泉县	3个月至1年	产业链长	农民处于价值链低处，企业处于价值链高处	优良品种引入，提高深加工水平	没有较明确依赖	技术提升阶段	产业链前端属于政府主导型，产业链后段属于主导企业带动与政府引导相结合型

注：产业发展类型按技术推动型、市场引导型、政府主导型、主导企业带动型、研究中心带动型、特色资源垄断型等方式划分；产业发展阶段按产业要素积累阶段、产业基本技术需求阶段、产业规模扩大阶段、产业技术提升阶段、自主创新能力形成阶段、国际主导阶段方式划分。

4.2.5 特色产业科技创新平台建设情况分析

特色产业科技创新平台初具规模，但职能发挥不够，仍需健全、完善。科技创新平台对试点县（市）特色产业的发展有着非常重要的作用。工业产业的创新平台只需要技术研发平台和政策体系平台。试点县（市）特色产业不同于工业产业，由于试点县（市）特色产业的特殊性、广泛性和公共性，试点县（市）特色产业科技创新平台大致包括技术研发平台、信息服务平台、技术培训体系、产品加工政策平台、基础设施平台。如表4-5所示，试点县（市）特色产业经过发展，各个平台都基本搭建，但平台的功能存在一定程度上的缺失，不能满足特色产业发展的需要，特别是产品加工政策平台，多数县（市）产品加工政策模糊、操作性不强，或者缺乏相应的产品加工政策。技术研发平台也多利用外部专家搭建，技术研究严重依赖外部专家，本地技术人才水平较低的现实造成了技术难以在本地形成积累，专家一离开技术研究马上搁置，对试点县（市）特色产业发展造成了重大影响。

表 4-5　试点县（市）特色产业科技创新平台组成

地区	技术研发平台	信息服务平台	技术培训体系	产品加工政策平台	基础设施平台
迁西县	与大专院校、科研院所联系，聘请院士、专家建立长期合作关系	燕山科技信息网、中国迁西板栗网、农村信息进村入户服务系统	县专家咨询服务团、迁西板栗技术传播站、农民板栗技术研究会、科普大集、专题讲座	制定专利、生产、销售补偿办法、出口奖励办法	生产力促进中心、示范基地、示范区
克什克腾旗	胚胎移植中心（喜腾公司）	科技局、畜牧局、乡村二级技术服务网络	联合外部科技资源，建立技术培训体系	—	胚胎移植中心
林西县	聘请外部专家，林西县畜牧技术推广中心	林西县各兽医站	科技局、畜牧局联合外部专家，培训技术人员、培训广大牧民	—	奶牛小区、高产奶牛基地、性控技术研究示范基地
余干县	科技局、水产局、水产研究所联合外部专家	—	聘请外部专家，培训技术人员、广大渔民	—	五大苗种培育基地、三大示范推广基地
平泉县	由食用菌生产力促进中心和食用菌产业技术传播站整合技术力量，聘请外部专家	技术和信息服务平台、手机短信服务平台、农业信息网站	县专家咨询服务团、县乡村三级技术信息服务网络、科普大集、专题讲座	依靠循环经济的思路，制定规划，扶持大企业进行节约循环的技术开发	生产力促进中心、蘑菇种植小区

4.3　县域农业特色产业创新过程模型

4.3.1　县域农业特色产业创新过程

从上述分析可以看出，试点县（市）特色产业创新过程表现为选择适宜本地的优种、技术，植入本区域，同时依靠培训提升技术人员和农民的技术水平，消化吸收引进的技术，并最大范围推广，扩大生产规模，进而达到富民强县目的。整个过程如图4-8所示。

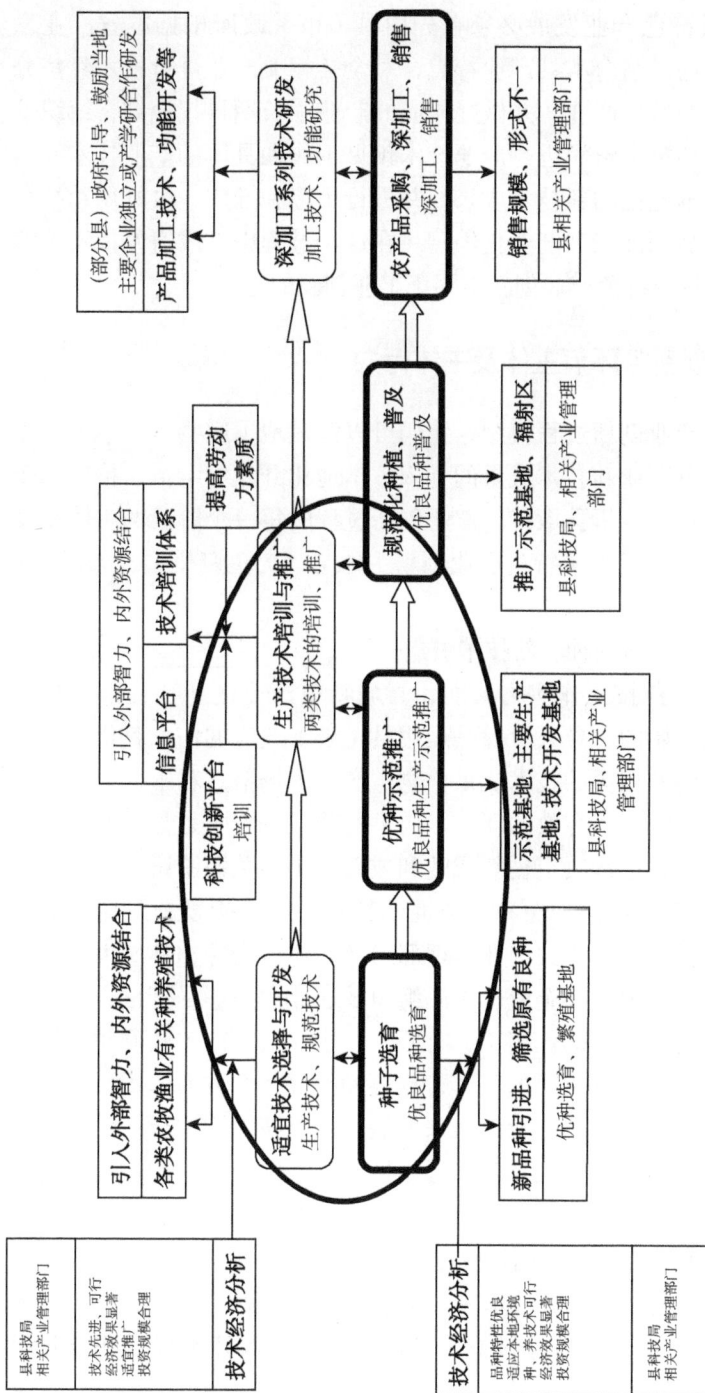

图 4-8 县域特色产业创新过程模型

注：椭圆形内是 5 个试点县（市）实施特色产业创新的重点阶段。

本书认为县域特色产业发展必须首先由县（市）政府根据本省产业发展的重点和总体布局，结合本县产业特点，对全县相关产业进行技术经济分析，确立重点发展的特色产业，并做好相应的产业中长期科技规划，组织本县特色产业的人才和资金资源进行产业技术预见工作和具体的产业技术评估与预测，导入适合本地化的新技术成果，并进行示范和推广，最好调动社会各方资源进行农产品深加工和产业化经营。在这个过程中，政府发挥不可替代的作用，这也是县域特色产业创新不同于工业创新的地方。

4.3.2　特色产业创新各环节主体及主体行为

根据县域特色产业创新过程模型，我们可以清楚地了解县域特色产业创新过程就是县域特色产业新技术成果的导入、本地化开发、示范、推广和产业化经营的过程。具体分析县域特色产业创新过程的每一个阶段的主体及其行为，我们总结并建立了县域特色产业创新主体与行为鱼刺模型，如图4-9所示。

（1）导入阶段——新品种、新技术引进

当前，县（市）科技工作实力薄弱，县域特色产业创新往往都是从引进新技术和新品种开始的。导入阶段是运用县（市）政府的信息收集和处理能力，综合分析国内外相关的技术成果信息、产业市场信息和本地科技经济实力，决策引进最适宜、最有效的新技术成果的阶段，它既是县域特色产业创新过程的起始阶段，也是决定创新成败和成效大小的关键阶段。由于县域特色产业创新具有明显的公共性和公益性的特点，这一阶段的主体主要是县（市）政府，县科技局、相关产业管理部门及产业协会等，县域内外的相关科技人员和机构；相关中小企业、农民组织及农业大户等尽管也会少量参与，但由于实力较弱，发挥的作用十分有限。其中，县（市）政府作为最强大的决策者和资助者，是最重要的主体，需要发挥好3个方面作用：一是产业规划师的作用，要科学规划产业的未来发展；二是技术评审者的作用，要认真评价引进技术的先进性、成熟度、适用性等；三是资源分配者的作用，要合理安排和调度当地各类资源以全面保障产业创新需求。相关产业管理部门及产业协会等主要作为咨询部门发挥作用。

（2）本地化开发阶段——新技术成果本地适用性试验

本地化开发阶段是县域内外科技人员对所引进的新技术成果联合开展

5个阶段：新品种、新技术的导入、本地化开发、示范，推广，产业化经营

| 公共部门为主
县科技局和产业管理部门
相关科技机构
企业和农户 | 公共部门为主
相关科研和试验基地
县域内外科技人才
县科技局和产业管理部门 | 公共部门为主
相关科研和试验基地
县域内外科技人才
县科技局和产业管理部门 | 公、私部门联合
专家大院，科技特派员
企业和农户
县科技局和产业管理部门 | 私人部门为主
企业和农业大户
县科技局和产业管理部门
相关科技机构 |

新品种需求分析

新品种、新技术引进

新技术需求分析

县（市）政府
科学规划产业发展
科学评价成果水平
合理分配各类资源

新品种选育

新技术成果本地化
开发和试验

新技术选择与开发

生产力促进中心
协调县域内外科技资源
科学实施试验
用好科技经费

优良品种示范

科技示范基地建设

生产技术示范

科技示范基地
协调示范与生产关系
科学开展示范
解决技术难题

大规模、规范化种养

生产技术的培训普及

技术推广平台
开展技术培训
解决技术问题
提供高效服务

经营管理，市场开拓

实现市场价值

深加工系列技术开发

产业龙头企业
加强市场经营
加快市场开拓
共享经营性收益

4个过程：新技术成果产业化的过程，产业新技术成果价值不断增值的过程，享受价值增组织增多的过程，政府作用逐渐减弱的过程

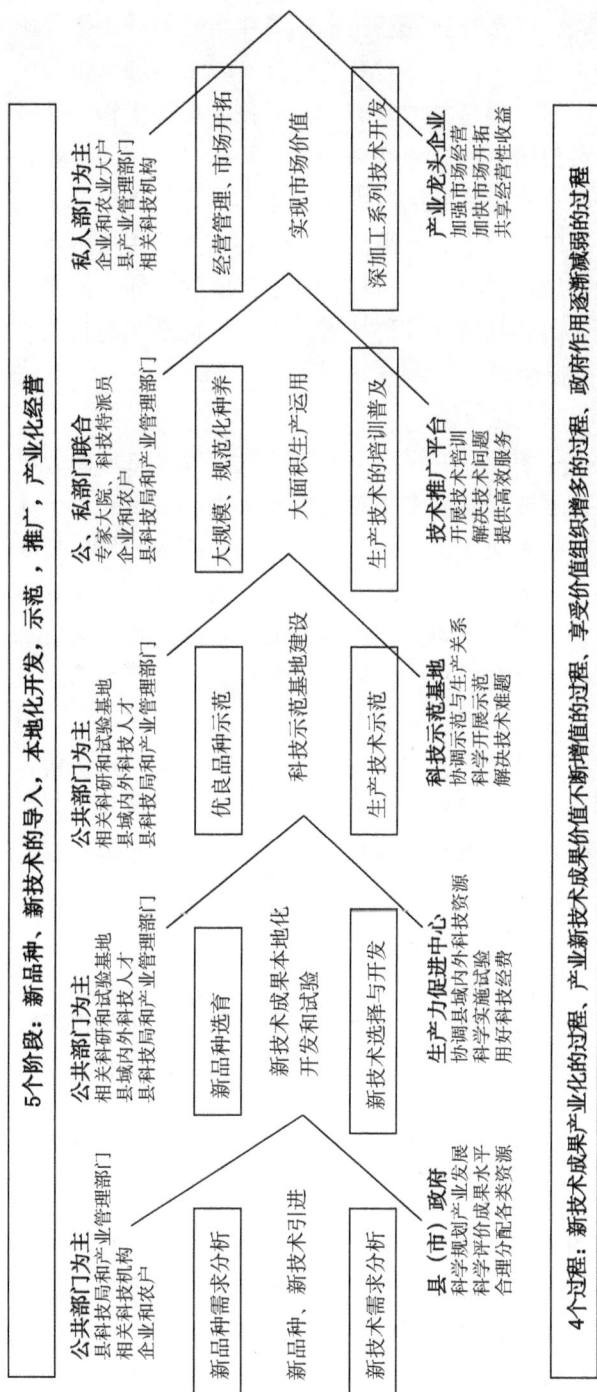

图4—9　县域特色产业创新主体与行为鱼刺模型

一系列试种、试制等科学试验，以实际验证新技术成果在当地的适用性并预测将来推广效果的阶段。由于这一阶段对参与者的科技素质水平和承担高风险的能力要求较高，因此其主体主要是县域外的相关科技人员和机构，县域内的相关生产力促进中心、科技研究和试验基地等，县科技局、相关产业管理部门及产业协会等；相关中小企业、农民组织及农业大户等尽管也会少量参与，但由于实力较弱，发挥的作用十分有限。其中，县域内的相关生产力促进中心、科技研究和试验基地等作为承担机构，是最重要的主体，需要发挥好3个方面作用：一是具体协调县域内外科技资源；二是科学实施相关试验；三是管好、用好有限的科技经费。

（3）示范阶段——科技示范基地建设

示范阶段是少部分相关中小企业、农民组织及农业大户等在县域内外科技人员的精心指导下，对新技术成果开展中小规模生产运用的阶段。由于这一阶段对参与者仍有一定的科技素质要求，并且由于这些新技术成果多是农业生产的良种良法，需要多点、多角度进行对比、检验，因此其主体主要包括县域内相关的生产力促进中心、科技研究和试验基地等在内的相关科技示范基地，县域内外的相关科技人员和机构，县科技局、相关产业管理部门及产业协会等；相关中小企业、农民组织及农业大户等尽管会有更多参与，但发挥的作用仍比较有限。其中，县域内的相关科技示范基地作为承担机构，是最重要的主体，需要发挥好3个方面作用：一是协调好科技示范与生产的关系以便开展示范；二是协调好科技人员与农户的关系以便科学示范；三是协调好各示范基地之间的关系以便及时发现和解决出现的各类问题和情况，为大规模推广做好技术准备和宣传造势工作。

（4）推广阶段——大面积生产运用

推广阶段是将成熟的新技术成果运用于大规模生产的过程，也是保障科技成果的价值在生产上得以全面体现的重要阶段。由于这一阶段已有成功的示范作为基础，主要技术已为本地技术人员掌握，示范效果已形成了良好社会氛围，加之政府行为与市场机制结合在一起共同推动，因此其主体主要是相关中小企业、农民组织和广大农户，相关科技特派员和在基层建立的专家大院等技术推广平台，县域内的相关科技人员和机构，县科技局、相关产业管理部门及产业协会等。其中，相关科技特派员和在基层建立的专家大院等技术推广平台作为承担人和机构，是最重要的主体，需要发挥好3个方面作用：一是积极培训广大农民，加快技术普及；二是及时发现推广中的技术问题，实时解决或在县域外高层次科技人员的指导下尽快解决；三是高效提供技术服务，保障最广大的参与农民尽可能多地获得新技术成果的实惠。

（5）产业化经营阶段——实现市场价值

产业化经营阶段是在运用新技术成果已经实现了产品的质量大幅提高和数量大幅增长后，促进相关中小企业或农业大户进行深加工、延长产业链、提高附加值，从而保障科技成果的价值在市场上得以全面体现，保障科技成果运用扎根当地的重要阶段，也是广大农民参与经营性收益分配的重要阶段。高产、优质并不等于实现的市场价值就高，而只是一个重要基础。由于这一阶段对参与者的经济实力要求较高，因此其主体主要是产业龙头企业，其他相关中小企业、农民组织和农业大户，县科技局、相关产业管理部门及产业协会等，县域内的相关科技人员和机构等；一般农户和小企业等尽管偶尔也会少量参与，但这种参与十分有限。其中，产业龙头企业作为市场开拓和经营的带头人，是最重要的主体，需要发挥好3个方面作用：一是加强市场经营，通过品牌建设、深加工、完善物流等服务，做大、做强产业，不断延长产业链、提高附加值；二是加快市场开拓，引导生产发展和新技术的引进、开发、示范和推广；三是通过股份制、合作社等组织形式，加强县域特色产业的上下游的生产经营合作与利益共享，引导和帮助广大农民分享经营性收益。

4.4 本章小结

本章结合专项行动试点工作实地调研，首先运用情景依赖的思想，用情景描述的方法先去从实践中描述这个过程，分析了参与主体都有哪些，是如何分布的，起什么作用，有哪些环节，这些环节如何链接等。进而本书将我国县域农业特色产业创新过程看作一个产业新技术价值增值的过程，从理论上把它抽象成一个新技术价值增值过程，建立了县域农业特色产业创新过程模型。

第五章 县域农业特色产业创新过程的多重困境与突破路径

5.1 县域农业特色产业创新模式

5.1.1 县域农业特色产业新技术成果价值增值曲线

5.1.1.1 价值链理论简介

（1）价值链理论的产生背景和理论基础

20世纪80年代以来，世界经济发生了翻天覆地的变化。主要表现在以下几个方面：其一，贸易自由化、资本流动自由化、外商直接投资政策自由化及私有化。其二，信息技术的快速发展和传播会带来双重影响。一方面，提高了对市场国际化的需求；另一方面，为全球化创造了更多的机会。其三，在贸易自由化、资本流动自由化等前提下，信息技术的发展扩展了竞争的范围，使竞争要求变得复杂。随着世界经济自由化程度的加深及信息技术的广泛应用，企业为了追求要素成本和质量差异，在更广的范围内布局生产，将最终产品的研发设计、加工制造、销售等生产环节置于最具有竞争优势的区域，这些在区域上分割的生产环节就构成了一条价值链。从价值增值的角度来看，这条价值链呈U型分布，研发设计等知识密集型生产环节位于两端（高增值），劳动密集型生产环节位于低端（低增值）。鉴于此，研究在整个价值链过程中，如何获取更多的价值增值有着更加现实的意义。

关于价值链理论的理论基础，现今国际上最为流行的主要是边际主义效用价值说（Marginal Utility Theory of Value），该学说将劳动价值视为一种不切实际的理论，否认其在当今世界有某种程度的普适性。实际上，边际主义效用价值说是新古典学派的价值价格理论的一派。价值价格理论是经济学中最古老又较现代、最基础又最现实的理论。到目前为止，由于时代背景、研究角度和研究方法不同等，价值链理论研究主要有三大学派：其一，马克思劳动价值学说；其二，新剑桥学派的价值理论，即斯拉法体系；其三，新古典学派理论，即边际主义效用价值理论。国内学者白暴力（1999）在《价值与价格理论》一书中提出，价值链理论的理论基础是新古典学派的边际主义效用价值理论。

（2）价值链理论的主要观点

夏颖（2006）在《价值链理论初探》一文中，对价值链理论的提出和发展，做了详细的阐述。综合借鉴夏颖（2006），方琢（2001），迟晓英、宣国良（2000）和白暴力（1999）的观点，我们可以较为清晰地了解价值链理论的主要观点和发展脉络。

一是迈克尔·波特（Michael Porter）的价值链观点。美国哈佛商学院教授迈克尔·波特在其1985年出版的著作《竞争优势》中首次提出价值链的基本概念。他认为每一个企业都是在设计、生产、销售、发送和辅助其产品的过程中进行种种活动的集合体，所有这些活动都可以用一个价值链来表明，并倡导运用价值链进行战略规划和管理，以帮助企业获取并维持竞争优势。迈克尔·波特的价值链通常被认为是传统意义上的价值链，较偏重于以单个企业的观点来分析企业的价值活动、企业与供应商和顾客可能的联结。

二是彼特·汉斯（Peter Hines）对迈克尔·波特价值链理论的发展。彼特·汉斯把迈克尔·波特的价值链重新定义为"集成物料价值的运输线"。与迈克尔·波特的价值链思想相比，主要差别如下：首先，彼特·汉斯的价值链与传统价值链（迈克尔·波特的价值链）作用的方向相反，即彼特·汉斯所定义的价值链把顾客对产品的需求作为生产过程的终点，把利润看成是实现这一目标而带来的副产品，而传统价值链仍把利润作为其主要目标。其次，彼特·汉斯把原材料和顾客纳入其价值链，这意味着由顾客需求拉动价值链，方向由外向内。这不同于传统价值链分析，它只包含那些与生产行为直接相关或直接影响生产行为的成员。最后，彼特·汉斯更加强调基本活动的交叉功能（如在技术开发、生产作业和市场等之间），这些价值活动沿着价值链的流程比较合理地建立。而传统价值链观点认为其只存在于生产作业中。

三是虚拟价值链的提出及发展。随着社会经济和科技的发展，人们对价值链的认识进一步深化，杰弗里·雷鲍特（Jefferey F. Rayport）和约翰·斯维奥克拉（John J. Sviokla）于1995年提出了虚拟价值链（Virtual Value Chain）

的观点，旨在以新的信息技术对价值链进行结构上的改造，认为价值链中的每一项价值增加活动都可以分为两个部分：一部分是在市场场所中基于物质资源的增值活动，而另一部分是在市场空间中基于信息资源的增值活动。物质增值活动构成了传统价值链，而与此相对应的信息增值活动则独立出来构成虚拟价值链，在虚拟价值链中，信息技术是价值的源泉，而不只是产生价值的辅助因素。虚拟价值链的任何阶段包含 5 项活动：收集、组织、选择、合成和分配信息，通过这些活动收集的原始信息来增加价值。

四是价值网理论的出现。随着因特网及电子商务的影响不断加大，人们开始探索一种新兴的价值链——价值网。Mercer 顾问公司的著名顾问史莱渥斯基（Adrian Slywolzky）在《利润区》（Profit Zone）一书首次提出价值网的观念。他认为新型价值链不是由增加价值的成员构成的链条，而是由虚拟企业构成的网络，依靠电子信息技术，以满足顾客需求为中心，将相互独立的企业联系起来，共享信息资源、优势互补，快速响应市场变化，为顾客创造更多的价值。

五是全球价值链理论。世界经济的一体化与跨国公司生产经营的全球化使得全球价值链（Global Value Chain）理论应运而生，并成为当前研究跨国生产经营活动的开展和利益分配的有效的分析工具。如前文所述，迈克尔·波特早期提出的价值链理论主要是针对单个企业，包括后来出现的将所有经营活动囊括于一身的所谓垂直一体化的公司。但随着国际外包业务的开展，迈克尔·波特开始突破公司的界限，将视角扩展到不同公司之间的经济交往，提出了价值体系（Value System）的概念，这与目前统一起来的全球价值链的概念基本一致。全球价值链包括 4 个维度：投入—产出结构、空间布局、治理结构和体制框架。

（3）价值链理论当前的主要应用领域

方琢在研究价值链理论发展及其应用时，提出价值链理论的应用也越来越广泛，具体表现在以下几个方面：①确定合理的企业规模，依据价值链理论对企业价值创造活动进行细分，为确定合理的企业规模提供了一条切实可行的路径。②进行业务流程重组，事实上，整个价值链就是一个创造的价值工作流程，在这一总的流程基础上，可把企业具体流程进行细分。③培育企业的核心能力，价值链理论对于核心能力的贡献取决于企业如何对价值链进行管理。运用价值链的分析方法来确定核心能力，就要求企业密切关注企业所掌握的资源的状态，要求企业特别关注和培育在价值链的关键环节上获得重要的核心能力。

迟晓英在《价值链研究发展综述》一文中提出，价值链理论的实际应用主要集中在以下几个方面：①价值链用于决策支持系统的研究。通过价值链优化，为决策提供依据，决策者可看到其决策的总体效果，看到企业价值活动间的联系对其目标的影响。②对价值链进行管理。价值链管理是一种项目管理，项目管理模型（或系统）原理用于价值链管理是非常合适的，通过价值链管理能够较全面地了解企业的竞争优势和劣势。③价值链研究用于确定企业的利润增长区域。④对价值系统及价值链上具体的价值活动进行研究。把价值链看成一个系统，研究顾客价值链，价值增值过程中的增值和不增值活动与供应商的关系，以及整个生产过程中的库存问题。⑤价值链方法被认为是研究企业竞争优势的有力武器。企业内部组织间的协调、企业间价值链联盟及竞争优势评价已成为企业寻找新的竞争策略的一大途径，在这些领域中，传统价值链的研究方法被广泛应用。

（4）价值链理论存在的明显缺陷与不足

尽管价值链理论在产业经济学、管理学和跨国公司经济学中具有一定地位和创新作用，但是价值链理论也存在着明显的缺陷与不足。新古典学派的价值链理论，自以为建立了一个完善的价值（包括价格）理论，并以此来反对马克思的劳动价值学说。因而，新古典学派的价值链理论仍然没有解决为什么在一条价值链中劳动密集型的价值环节一般都属于偏低的价值环节，知识密集型的价值环节一般都属于偏高的价值环节的问题，更避而不谈处于劳动密集型环节的发展中国家在国际收益分配上的低下地位。

5.1.1.2　县域农业特色产业新技术成果价值增值曲线

在调研的基础上，应用价值链理论对县域特色产业创新过程模型进行分析，从而绘制出县域特色产业新技术成果价值增值曲线，如图5-1所示。新技术成果的价值随着各子过程的推进，结合各相关主体的参与和资金的投入，而逐步实现价值增值，在新技术推广后，实现产业化经营，从而完成一次增值，每一个新技术成果的转化都伴随着一次新技术成果价值的增值，新技术价值在本地形成积累，随着特色产业技术水平的积累而积累。

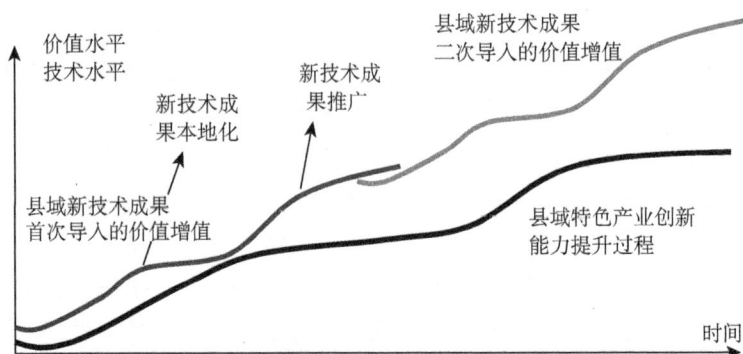

图 5-1　县域特色产业新技术成果价值增值曲线

5.1.2　新技术成果价值增值过程与特色产业创新模式

　　在试点县（市）特色产业创新情景分析和创新过程模型分析的基础上，可以看出，特色产业创新是县域针对特色产业发展的科技瓶颈，引进、转化、示范和推广一批新技术成果的技术创新及与之相集成的市场创新、组织创新和制度创新，表现为新技术成果价值的增值过程。实质上就是围绕培育和壮大特色产业、实现富民强县这个目标，以引进、转化、示范和推广一批先进适用新技术成果，解决特色产业发展关键技术问题为先导，按照特色产业技术创新的规律，整合特色产业技术变革、市场变革、组织变革和制度变革的活动。其模式是以科技富民强县为目标，以政府推动与市场机制双轮驱动，以抓农业新技术成果转化、科技培训和健全基层科技服务体系为三大重点任务，形成多主体参与的五重环节链接、6个子过程递进的农业新技术成果价值增值过程，如图 5-2 所示。

6个子过程 县域特色产业新技术成果价值的确立、累积和实现的过程

子过程1
选择阶段
对成果转化前景和产业升级、经济发展的科学的"三重洞察"

子过程2
导入阶段
产业创新获得政府认同和支持

子过程3
本地化开发阶段
成果转化试验成功，确保技术可靠

子过程4
示范阶段
经济效益显著，技术更加成熟

子过程5
推广阶段
成果大面积推广，农产品质量与产量提升

子过程6
产业化经营阶段
创新价值成功实现，农民获得部分经营性收益

链接1
部门协调、科学论证，解决新技术成果导入困境

链接2
加强引进、建设平台，解决新技术成果本地化开发困境

链接3
集成资源、重用能人，解决新技术成果示范的困境

链接4
注重培训、完善服务，解决新技术成果推广的困境

链接5
扶持龙头、创新机制，解决新技术成果产业化经营的困境

技术本地化开发不成功

新技术化开发不成功

新技术需求信息

协同解决

5个链接： 激发主体意识，平衡主体间的利益和风险，统筹各类资源，解决各子过程中的困境，保证特色产业创新成功推进

整个过程： 县域特色产业新技术成果的价值增值过程

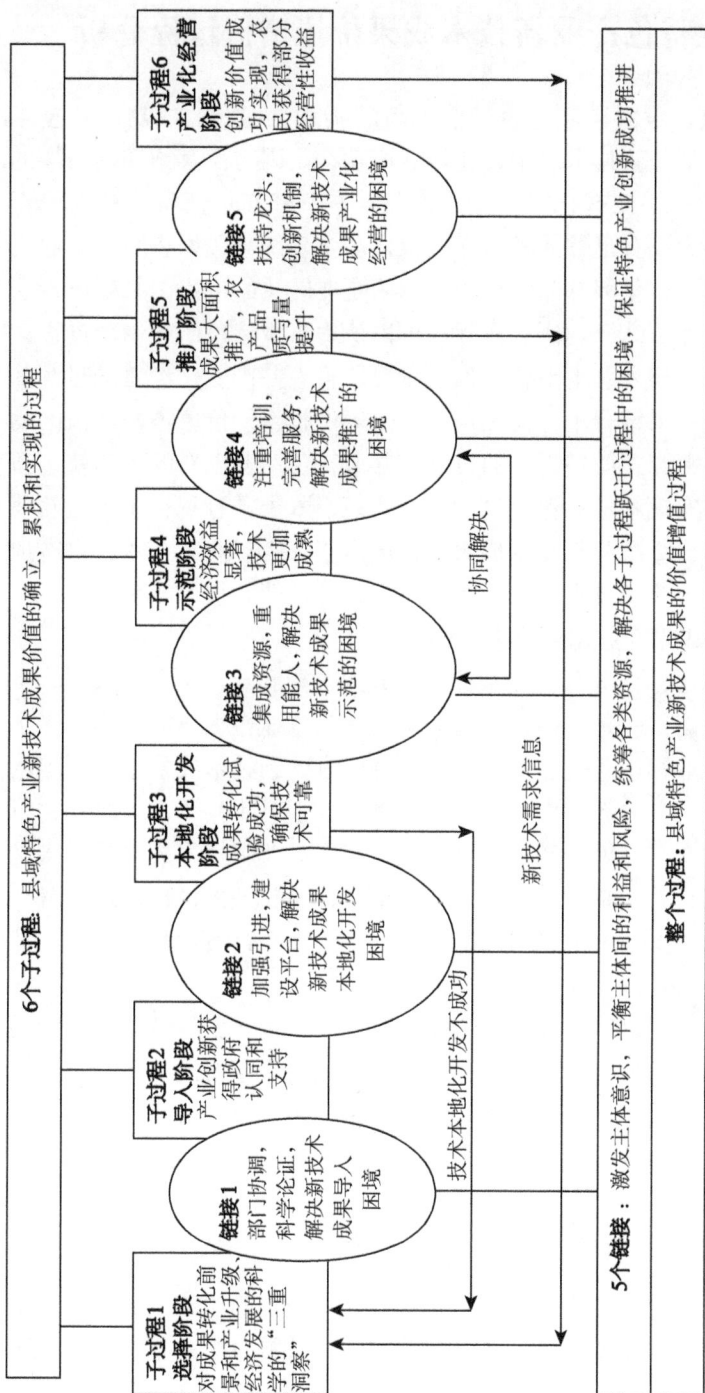

图 5-2 县域特色产业创新模式

5.2 县域农业特色产业新技术成果价值增值过程分析

通过调查研究，考察县域特色产业创新的实践，创新的成功即新技术成果转化的成功。某些新技术成果转化没有成功，是因为没有预期到市场的需求，有些新技术成果没有合格的最终产品，有些却在示范阶段被农民否定，还有一些是因为没有足够的资金而被束之高阁。统计数据表明，工业成果转化率和农业成果转化率都非常低，其原因是在转化的过程中某处出现了困境，没能有效突破。结合调研的实际，可以认为县域特色产业创新过程就是新技术成果选择、导入、本地化开发、示范、推广并产业化经营的过程。整个过程是新技术成果结合主体的参与、资金等的投入，价值不断增值的动态、反馈，并可能螺旋式循环推进的过程。县域特色产业创新的成功就是新技术成果价值顺利实现增值。整个过程可分为以下 6 个子过程：①产业新技术成果选择子过程；②产业新技术成果导入子过程；③产业新技术成果本地化开发子过程；④产业新技术成果示范子过程；⑤产业新技术成果推广子过程；⑥产业新技术成果产业化经营子过程。

与前面章节相比，在本章将导入环节拆分为选择和导入 2 个子过程，重点说明以下 4 个方面：一是选择新技术成果是一项专业性很强的工作，必须依靠专业人员和专业知识才能做好。二是选择适宜的新技术成果是一项艰巨的工作。三是不是所有的新技术成果的导入都能够上升为县（市）政府的行为。幸运的是，在有些专项行动试点工作中，特色产业新技术成果的导入是县（市）政府的行为。四是选择新技术成果的工作是长期的，也渗透在各个子过程中。正是出于上述考虑，将选择子过程作为一个过渡性的子过程，从导入子过程中单列出来，应该是合适的。

相应地，各子过程之间又通过克服困境实现有机衔接，有效整合与动态反馈，使整个新技术价值增值过程通畅顺利，形成一个系统的整体。全过程是产业链的有机整合过程，每个子过程不可或缺，各子过程之间有效衔接，克服整个过程中存在的多重困境，才能实现新技术成果价值增值。

5.2.1 特色产业新技术成果选择子过程及主体

县域农业特色产业新技术成果选择子过程是产业创新过程的起始点，对整个产业创新过程至关重要。产业新技术成果"三重洞察"是指对未来较长时间内的产业技术发展趋势和最新的新技术成果情况、一定时间内产业产品市场需求、县域内外可利用的科技资源状况 3 个方面，在现行社会、经济、科技发展环境下进行系统研究。其目的是要确立县域发展的特色产业，并根据洞察结果制定出符合当地特色产业创新发展和技术升级需要的中长期科技发展规划，并在这个规划的指导下对特色产业发展需要的技术进行预测、评估，进一步在现有新技术成果市场进行选择，经技术经济分析后导入本县。

对产业新技术成果"三重洞察"有以下作用：①选择适合本地发展的新技术成果，使成果更容易本地化；②提高特色产业技术和经济方面的竞争力；③使政府资金可以更多地投入对全县有重大意义的技术领域；④改变特色产业技术存量，增加技术储备和技术积累。

由于产业新技术成果"三重洞察"的公益性、广泛性、基础性，所以通常采用以政府为主体，联合社会其他部门，整合吸收社会各个方面意见，形成未来产业发展战略的一种方法。迄今为止，世界上发达国家区域产业发展都在一定程度上进行了产业技术的系统性预见研究，县域农业特色产业要想实现跨越式发展则必须进行产业预见和新技术成果洞察。县域农业特色产业应在国家创新系统框架内，利用系统化的知识网络，对未来较长时期内的科学、技术、经济和社会发展进行系统研究，结合产业发展的需求、本地经济情况，在新技术成果市场找出具有符合当地经济和社会利益最大化的战略性关键产业技术和急需产业技术，为新技术成果导入做好准备工作。

通过"三重洞察"使政府和特色产业发展部门为发展特色产业做好"最佳安排"，制定合理的科技发展规划和相关发展政策。图 5-3 给出了产业新技术成果"三重洞察"的过程。

由此可见，提高县（市）科技局对当地农业特色支柱产业市场需求、产业技术发展趋势和最新技术成果情况、县域内外可利用科技资源状况的"三重洞察"能力，制定出符合当地农业特色支柱产业技术升级需要的科技发展规划，是县域农业特色产业创新过程的第一步。

流程	具体工作	参与主体
前期准备 资料收集 基本分析	组织参与洞察的各部门人员，联系区域内外专家，对本地、市场和产业的基本资料收集，初步分析	县（市）科技局负责人，县（市）科技局，相关局室人员
成立产业新技术成果洞察小组 确立洞察实施方案和方法	确定特色产业，制定产业科技发展规划，对产品市场洞察，对产业新技术成果洞察	县（市）科技局、发展改革委、区域外产业领域专家学者、农业专家、本地主要技术人员、农业成果销售公司人员等
进行新技术成果"三重洞察"，并讨论	预见特色产业未来关键技术，选定新技术成果，制订新技术成果导入计划，形成新技术成果跟踪机制	县（市）科技局，区域外产业领域专家，产业协会等
洞察结果进行德尔菲咨询报县主管部门批准、实施	专家问卷、访谈、专题讨论可行性和准确性，获得政府认可，组织实施新技术成果导入	县（市）科技局，区域外产业领域专家，县（市）政府，生产力促进中心

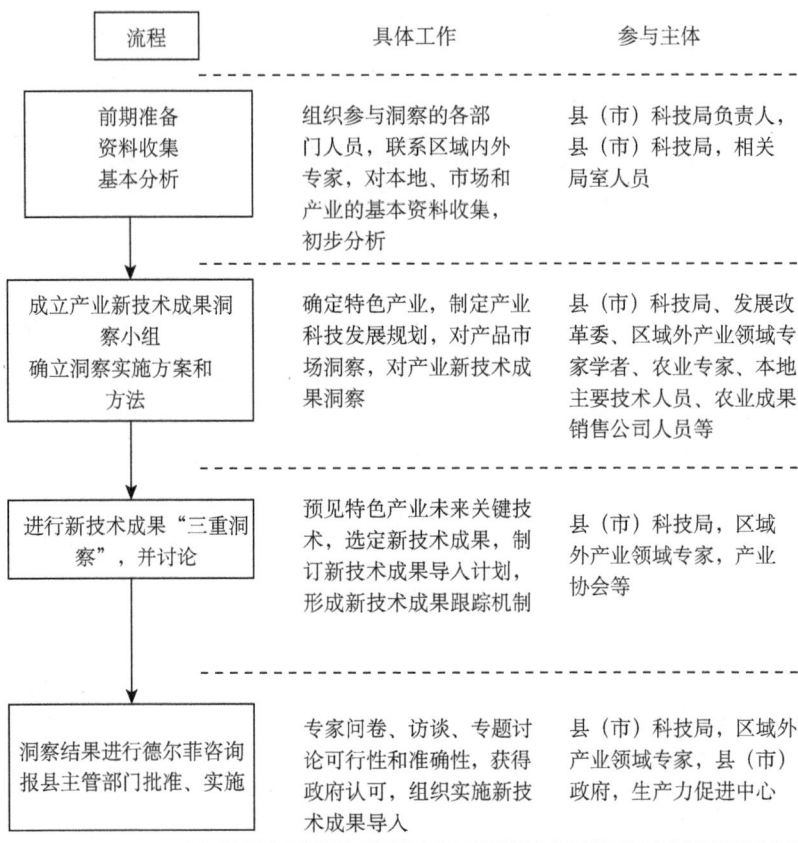

图 5-3　县域特色产业新技术成果选择子过程及主体

5.2.2　特色产业新技术成果导入子过程及主体

一切事物即便是技术也要讲究策略。把一项新技术推向市场首先是试着综合利用人力和物力，是一项综合性事业（Vijay K. Jolly，2001）。县域农业特色产业新技术成果导入后也要获得政府和其他管理部门认同和支持，以争取足够的人力、物力、财力对新技术成果本地化开发、示范、推广应用。

由于县域农业特色产业多为农业产业，具有天然弱质性、弱势性、公共性、强烈的溢出性，政府必须发挥不可替代的重要作用，也就是说特色产业创新发展的道路政府必须认同和支持。具体过程是：县（市）科技局首先将对特色产业新技术成果"三重洞察"的结果整理成报告，由县（市）科技局负责人交县（市）政府审批，并同时负责给县（市）政府就新技术成果选择、导入、本地化的重要性、必要性、紧迫性、可行性和收益性进行释疑。县（市）政府拿到报告后会再次结合本地实际经济情况，组织综合论证，如果不符合全县整体发展规划则驳回"三重洞察"报告，县（市）科技局将再次进行新技术成果"洞察"。如果通过"三重洞察"报告，则协调发展改革委和其他相关部门，整合全县科技资源，实施新技术成果的导入和本地化开发。具体过程如图 5-4 所示。

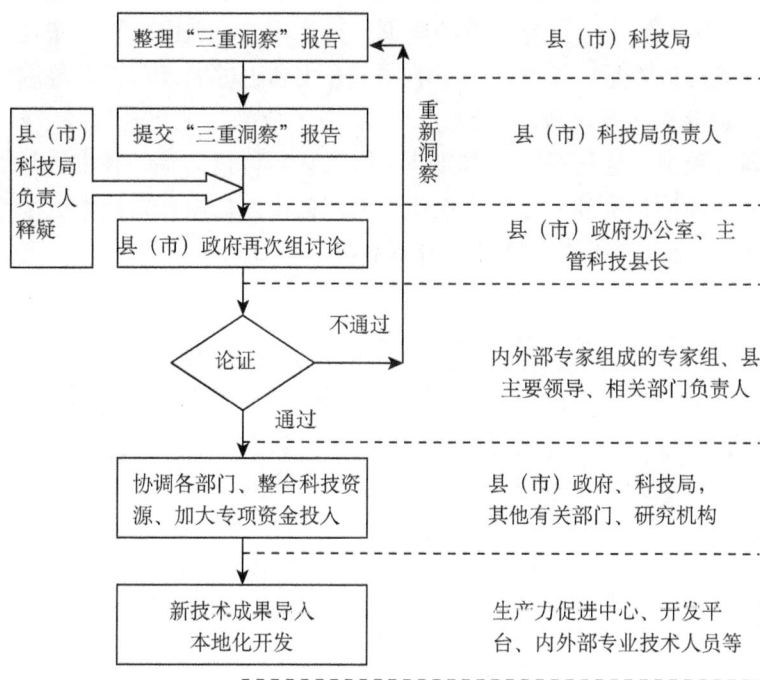

图 5-4　县域特色产业新技术成果决策过程及主体

5.2.3　特色产业新技术成果本地化开发子过程及主体

特色产业新技术成果引入后能否顺利实现增值要看能不能根植于本地，也就是说能不能在本地的资源、气候、经济等外部环境条件下顺利进行本地化开发，使新技术成果变成可以使用的成熟技术。尽管在新技术成果"三重洞察"阶段已经就本地的经济和资源情况进行过论证，也对新技术成果进行了技术经济分析，但都代替不了实践环节，新技术成果只有成功进行本地化开发实践才能说是真正适宜本地，也才能真正成为一项能够增值的且成熟的生产技术。

有资料显示，工业技术的技术研究阶段、中间试验阶段、新产品开发阶段投资比例为 1 ∶ 10 ∶ 100，县域农业特色产业新技术成果本地化开发是新技术成果边开发边植入本地的过程，相当于工业技术的中间试验阶段，因此也需要大量的资金和人力投入，县域往往忽视这一点，认为把新技术成果买回后交给本县的农技推广中心等研究部门就万事大吉，本县的技术研究部门一是缺乏相应的开发资金，二是现有的人才技术水平多数只能担当培训农民的工作，达不到技术本地化开发的要求。正是领导不高度重视、新技术成果本地化开发资金不足、缺乏高水平的技术人才和先进的仪器设备等困境导致了很多技术成果转化不成功。因此，在新技术成果本地化开发环节县（市）政府要高度重视本地化开发的重要性，协调县内科技资源，集成县外优势互补技术人才和设备资源，加大本地化开发资金投入，做好新技术成果本地化开发的工作。新技术成果植入本地化过程如图 5-5 所示。

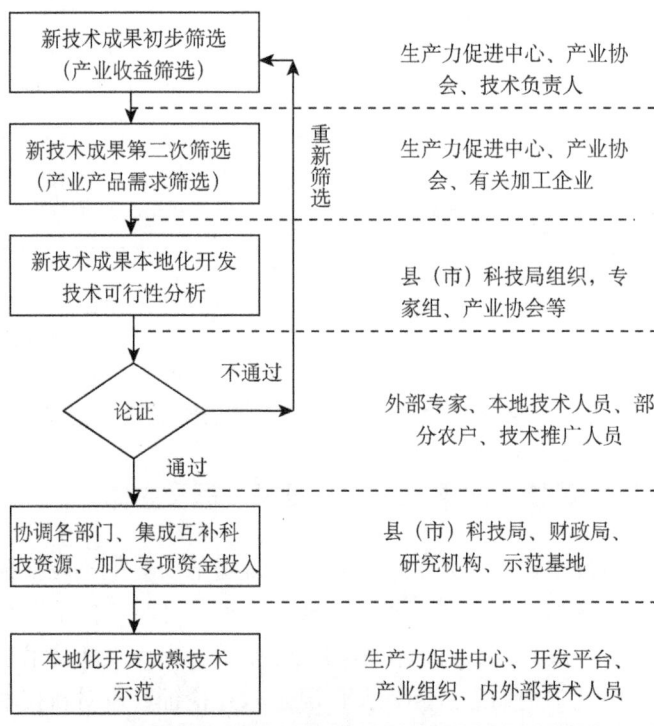

图 5-5　新技术成果植入过程及主体

5.2.4　特色产业新技术成果示范子过程及主体

产业新技术成果本地化开发成功之后仍不能马上进行技术推广，需要进行试验示范，原因如下：一是农业生产较工业生产有更强的思维惯性，农民总是不愿意改变现有的技术状态，尤其是在收益未知的情况下，尽管这项技术的预期收益是确实存在的；二是农民科技素质普遍较低，对新技术成果不了解，加之缺乏足够的资金，抗风险能力弱，即难以承担新技术采用失败后的损失，故不愿意采用新技术。这就需要政府先期拿出资金，对新技术成果进行试验示范，解决农民的困惑，让农民眼见为实。

由于农业生产技术对资源和土地的依赖性，通常就需要建立示范基地进行集中示范。建立示范基地有以下优点。

①满足农业生产对土地的最小需求。农业生产不同于工业生产，往往需要一定的土地面积，并依赖一定的气候条件或特定的环境资源。集中建立示范基地可以使农业生产发挥规模经济效应，增强抗自然灾害和病虫害的能力。

②充分展示新技术的优点。以板栗为例，一棵板栗树给人的感觉冲击力远远比不上成片的板栗树。一定面积的示范基地更能充分展示新技术的各项优越指标。

③发现潜在的问题和不稳定因素。示范基地是新技术推广后的缩小版，具备了技术大面积应用的所有特征，这样在示范期间就能充分暴露新技术由于首次应用出现的不稳定因素和问题，如疾病防治更困难、物种免疫力比研究的结果低等问题，便于研究机构对出现的问题进行及时补救，能避免推广后的更大损失。

④能初步积累经验，培养出一批先期致富能手和乡土人才，增加技术扩散的源头。同时示范基地的生产，可以先期培训出一批懂新技术、会用新技术的乡土人才，以为后期推广壮大培训队伍，同时由于新技术的高产性、高收益性还能产生一批致富能手，扩大新技术的影响。能建立标准的生产规程，便于科学生产。示范基地是在专家的指导下进行新技术的试生产，这样专家就会结合科学知识和本地的生产条件，制定科学的生产规程，便于指导全县新技术推广应用后的实践。这一阶段的过程如图 5-6 所示。

```
┌──────────┐      ┌──────────────┐      ┌────────────────────┐
│ 新技术本地化 │ ───► │  新技术示范基地  │ ───► │ 效果：              │
│   开发    │      └──────────────┘      │ 调动农民积极性        │
└──────────┘                            │ 培养乡土人才          │
                                        │ 建立标准的生产规程      │
          ┌────────────────────────┐    │ 发现潜在的问题和不稳定因素 │
          │ 组织者：生产力促进中心      │    │ 充分展示新技术         │
          │      产业协会           │    └────────────────────┘
          │      县（市）科技局       │
          │ 指导者：内外部技术人员      │
          │ 参与者：部分具有先进意识的    │
          │       农户            │
          └────────────────────────┘
```

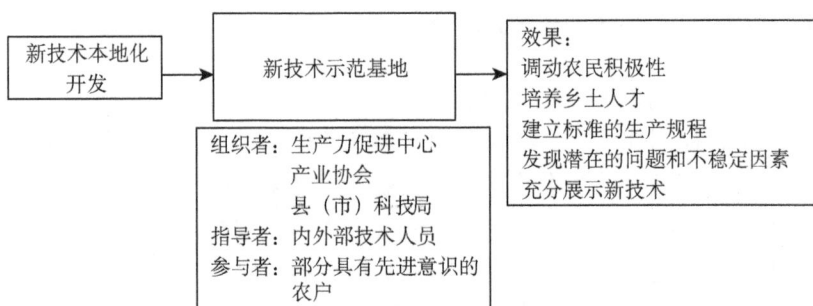

图 5-6　产业新技术成果示范过程及主体

新技术示范工作要想顺利完成，达到预期目标，需要政府高度的组织和参与，县域农业特色产业新技术成果示范过程没有政府的作用无法完成，图5-7从指出技术重要性、加速转化、鼓励需求、鼓励供应4个方面给出了政府可以采用的增大新技术示范效应的措施。

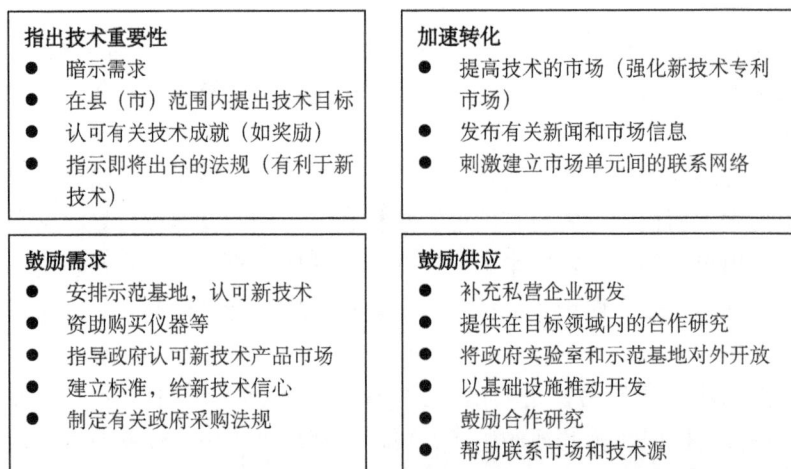

```
┌─────────────────────────────┐  ┌─────────────────────────────┐
│ 指出技术重要性                 │  │ 加速转化                      │
│  ● 暗示需求                   │  │  ● 提高技术的市场（强化新技术专利  │
│  ● 在县（市）范围内提出技术目标    │  │    市场）                    │
│  ● 认可有关技术成就（如奖励）      │  │  ● 发布有关新闻和市场信息         │
│  ● 指示即将出台的法规（有利于新    │  │  ● 刺激建立市场单元间的联系网络     │
│    技术）                    │  │                             │
└─────────────────────────────┘  └─────────────────────────────┘
┌─────────────────────────────┐  ┌─────────────────────────────┐
│ 鼓励需求                      │  │ 鼓励供应                      │
│  ● 安排示范基地，认可新技术        │  │  ● 补充私营企业研发             │
│  ● 资助购买仪器等              │  │  ● 提供在目标领域内的合作研究       │
│  ● 指导政府认可新技术产品市场      │  │  ● 将政府实验室和示范基地对外开放    │
│  ● 建立标准，给新技术信心         │  │  ● 以基础设施推动开发            │
│  ● 制定有关政府采购法规          │  │  ● 鼓励合作研究                │
│                             │  │  ● 帮助联系市场和技术源           │
└─────────────────────────────┘  └─────────────────────────────┘
```

图 5-7　政府机构可以运用的促进新技术示范效应的措施

5.2.5　特色产业新技术成果推广子过程及主体

新技术推广应用阶段是新技术成果价值增值的主要环节，随着采用用户的逐渐增多，新技术价值得到了逐步增值。在经过成功示范之后，农民采用新技术的意识得到了一定程度的提高，但是农民缺乏必要的技能、缺乏足够的抗风险能力仍制约着新技术的推广。这一阶段需要政府采取如图 5-8 所示的推广策略，并同时充分调动金融、保险等社会各个市场要素，金融部门提供推广资金，保险部门为农民采用新技术风险担保，吸纳社会风险投资基金和广大企业参与新技术推广工作，采取措施建立新产品推广的长效机制，实现各主体共赢的局面，如图 5-9 所示。

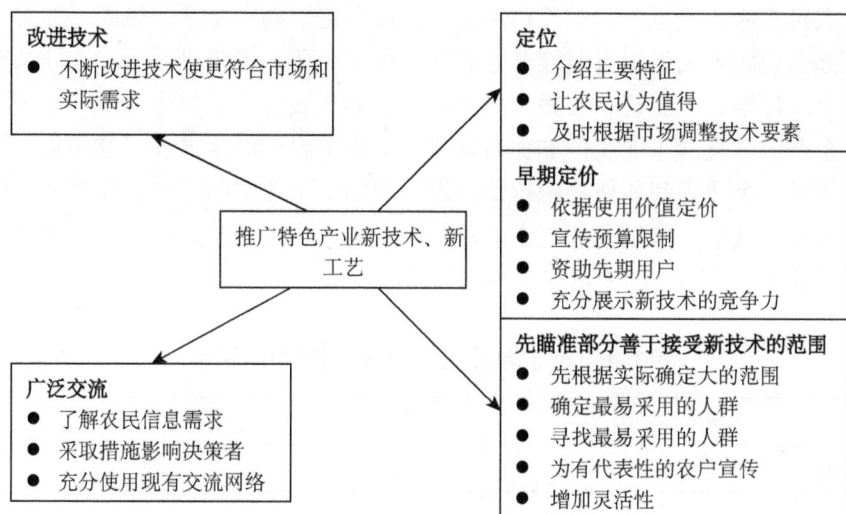

图 5-8　县域特色产业新技术推广策略

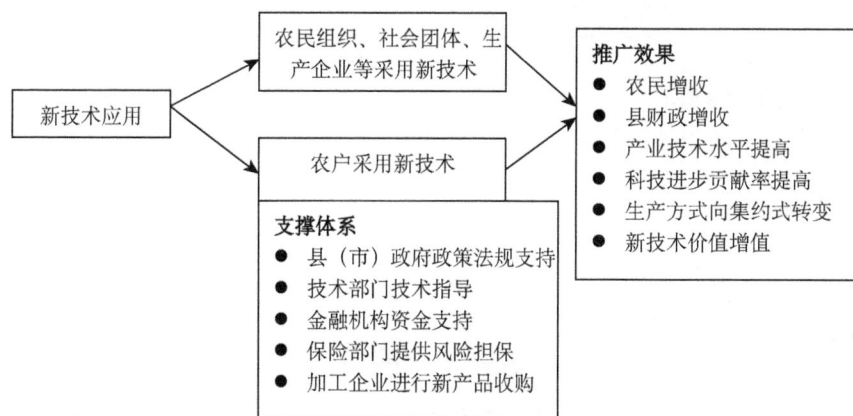

图 5-9　县域特色产业新技术推广组成和效果

5.2.6 特色产业新技术成果产业化经营子过程及主体

县域农业特色产业附加值的提高是新技术成果价值增值的最后一个环节。研究发现农业新技术成果转化后，新技术价值虽然实现了增值，但增加值多被新技术成果导入源头和农产品加工企业赚取，广大农民收入仍没有太大提高，甚至没有明显改善。改变农民在价值链中的位置，提升获利空间，只有通过开办新产品加工企业，从加工环节获取新技术增值的高额部分。但由于农民素质普遍低下，缺乏市场意识，没有足够的资金承担风险，通常无法开办企业。农民组织有时候开办农产品加工企业，但仍受技术和市场的双重约束。根据分工原理，农民应该发挥自己的比较优势，集中于农业生产，加工企业应该发挥工业生产的比较优势，集中于农产品生产加工和销售。因此，农民与企业之间如何分配价值，农民与加工企业之间如何合作就成了问题的关键。其中，农民和加工企业双方对新技术价格的确定是否一致至关重要。新技术价格确定的因素如表5-1所示。

表5-1 确定和计算授权技术价格的方法

影响价格的因素	计算支付额的方法
1. 规范（普通显性成本）	已付款
2. 分摊成本 R&D 投资 转化成本 保护成本（专利、商标权等）	分期付款
3. 被授权企业业务影响 分享利润（10% ~ 40%） 分享降低成本 节约时间	连续使用费 能力 产量 销售额 时间 消费量
4. 限制性条件及被授权方贡献	一次性支付结合连续使用费
5. 市场一般风险	固定比例

有了上述的技术价格共识，农民和加工企业就容易达成一致。现实中，政府、农户、企业之间的合作方式多种多样，基本上是基于价值分配合理性

的组合，但本质上是农民将新技术成果外包给企业经营，二者采取一定的利润分配方式分配利润。

我国现行农业产业化经营大致有以下几种模式：①公司企业带动型，即"公司＋基地＋农户"；②市场带动型，即"专业市场＋农户"；③中介组织协调型，即"农产联＋企业＋农户"；④经济合作组织带动型，即"专业合作社或专业协会＋农户""公司＋合作社＋农户"；⑤现代农业综合开发区带动型，即"开发集团＋农户"。

本书认为，建立一套行之有效的技术外包体系，让农民与企业平等合作，解决新技术市场运作的困境，企业能充分实现新技术价值，新技术价值增值也就能顺利实现，并在政府、农民、技术部门、企业之间合理分配。这样才能形成一套新技术价值增值的长效机制。

5.3 县域农业特色产业创新过程的多重困境与突破路径

5.3.1 特色产业新技术成果导入困境的突破路径

由于我国县（市）的科技力量薄弱，科技资源长期匮乏，在县域农业特色产业新技术成果导入的过程中，主要面临3个困境：导入的依据是什么、导入的主体是谁及如何导入。

首先，在导入的依据方面，我国县（市）科技工作由于种种历史原因，科技工作特点不突出，科技工作开展的目的不明确，对本地经济社会发展的支撑作用不强，大部分县（市）科技工作仅局限于开展一些科普教育，县市科技部门逐渐被边缘化。要改变这种状况，必须明确县（市）科技工作的方向，紧紧围绕当地的特色产业发展规划，针对特色产业发展中存在的关键技术瓶颈，进行技术和市场的双重洞察分析，确定需要引进的新技术成果，才有可能为县域农业特色产业的发展提供有效的科技支撑，充分发挥县（市）科技部门的作用。

其次，在导入主体方面，由于导入的科技成果在转化为现实生产力，实现价值增值的过程中，尤其是在新技术成果导入阶段，不仅需要经历很长的时间，而且存在失败的风险，新技术成果导入的最终获益对象是当地的农民和企业，这就导致了新技术成果导入的主体只能由政府来承担，县（市）科

技部门应主要负责新技术成果导入的具体工作。

最后，在如何导入方面，由于在新技术成果导入的过程中，不仅工作内容复杂，而且涉及科技、财政、农业、经贸等多个部门，如果继续沿用以往的工作思路，单纯由科技部门推动，面临的任务难度很大。因此，必须打破以往各部门之间相互分割的局面，由县（市）党政主要领导负责协调，其他相关部门配合，由县（市）科技部门和财政部门具体负责任务的计划、组织和管理，整合县域内外资源和协调其他成员部门的任务和进度等，并形成合力，共同推进新技术成果的导入工作。

在新技术成果的具体导入过程中，根据以上困境分析，我们可以采用以下突破路径（表5-2）来解决遇到的各种困难和问题。例如，制定县域农业特色产业发展规划、实行"一把手"工程、加强科技部门建设、建立多元化投入体系等。

表 5-2　县域特色产业新技术成果导入困境的突破路径

序号	具体路径	路径说明	实例县（市）	具体举措
突破路径1	制定县域农业特色产业发展规划和政策，明确产业新技术需求	县（市）政府根据国家的产业政策和国内外市场的需求，结合本地资源优势、农业生产历史及现有生产方式和生产力状况等，充分考虑农业科技进步，制定本地经济发展战略、特色产业发展规划和相关配套政策、措施，为特色产业新技术成果导入提供明确的依据	江西省南丰县	以技术保品质，以品质促效益，蜜橘之乡实现二次腾飞
突破路径2	推行"一把手"工程，整合新技术成果产业化的相关资源	县域特色产业新技术成果转化过程涉及的主体众多，需要政府出面组织、推动，需要成立专门的由政府主要负责人挂帅、科技和产业管理相关部门参加的领导机构，建立相应的激励约束机制	内蒙古自治区林西县	"一把手"挂帅，推行项目集成，全力培育壮大林西奶牛养殖业

续表

序号	具体路径	路径说明	实例县（市）	具体举措
突破路径 3	提升县（市）科技主管部门服务能力，发挥其新技术成果导入的主体作用	提高县（市）科技主管部门的科技服务能力，发挥科技主管部门在特色产业新技术成果导入上的主体作用，实现"县（市）科技主管部门领唱、相关部门和单位合唱"的新局面	江西省都昌县	提升科技地位，强化服务能力，统领都昌珍珠取得新发展
突破路径 4	建立以财政投入为主体的新技术成果导入的资金投入制度，克服市场失灵	农业新技术成果转化具有明显的正外部性，只有建立从中央财政到县（市）财政投入为主导、社会多元参与的特色产业新技术成果导入资金保障机制，才能克服市场失灵的困境	广西壮族自治区兴安县	以财政投入为引导、建立多元化投入机制

突破路径 1：制定县域农业特色产业发展规划和政策，明确产业新技术需求

县（市）政府根据国家产业政策和国内外市场需求，结合本地资源优势、农业生产历史及现有生产方式和生产力状况等，充分考虑农业科技进步，制定本地经济发展战略、特色产业发展规划和相关配套政策、措施，为特色产业新技术成果导入提供明确的依据。

实例 1：以技术保品质，以品质促效益，蜜橘之乡实现二次腾飞

江西省南丰县是我国著名的蜜橘之乡。南丰蜜橘是独具特色的地方品种，距今已有 1300 多年的栽培历史，以"皮薄芳香，无核化渣，汁多浓甜，营养丰富"而享誉中外，被誉为"橘中之王"。2002 年，蜜橘产值首次超过全县粮食总产值，截至 2004 年，南丰蜜橘种植面积达 30 万亩、年产近 1.7 亿千克，全县农民人均纯收入 3645 元中有近 1/3 来自蜜橘产业，其中农民增收的 803.8 元中有 467 元来自南丰蜜橘产业，蜜橘产业已成为南丰县县域经济的支柱产业之一。

　　然而，在1991年大冻之后的快速恢复过程中，南丰蜜橘虽然在栽培面积和产量方面实现了飞速增长，但良种良法的普及相对滞后，部分橘农凭经验种植，管理比较粗放，技术水平不高，致使南丰蜜橘单产偏低、果实品质欠佳，影响了南丰蜜橘的声誉，制约了南丰蜜橘产业的发展。而且，随着社会发展和人民生活水平的不断提高，农产品安全已成为影响消费者消费观念的重要因素，人们对水果的质量、商品性和安全性的要求越来越高，对生产过程中环境保护的要求也越来越重视。在国际贸易方面，有害残留已成为农产品贸易中重要的非关税壁垒，成为市场准入的重要条件，尤其是在我国加入世界贸易组织后，国外大量的优质柑橘及其他果品冲击我国柑橘市场，市场竞争尤为激烈，面对来自国际、国内市场的严峻挑战，南丰县委、县政府经过广泛调研，敏锐地察觉到，"以量取胜"的发展道路没有出路，要实现南丰蜜橘的二次振兴，必须要走"以质取胜"的发展道路。

　　为顺应蜜橘产业发展形势，南丰县在经过缜密研究和科学论证之后，制定了《南丰蜜橘产业发展规划》，提出了以提高品质为基点，以无公害标准化生产为途径，以"品种优质化、生产标准化、加工规模化"为目标的发展战略。为此，南丰县于2006年1月，在抚州市南丰柑橘研究所和南丰县柑橘技术推广中心的基础上，成立了正科级事业单位——蜜橘产业局，主要负责南丰蜜橘的种植、销售、包装、运输、加工等的管理及科研与技术推广工作，形成了一支包括9名高级农艺师在内的、近40名技术人员的专业队伍。同时，借助南丰县被确立为"科技富民强县专项行动计划"首批试点县（市）的有利时机，在专项行动协调领导小组的组织和带领下，全面实施了南丰蜜橘无公害标准化栽培示范与推广项目。通过与华中农业大学等院所合作，结合南丰本地实际，有针对性地引进、开发出了以"以螨治螨""测土配方施肥""优种选育"等无公害标准化生产技术为代表的一批新技术成果，并在全县范围内建成了5万亩的标准化生产基地，全面推广蜜橘种植新技术。

　　通过这些新技术的广泛应用，南丰蜜橘的单产和品质有了显著提升。经济效益方面，在全县蜜橘种植面积增幅不大的情况，实现产值近10亿元，橘农纯收入年增收600～700元，达到5028元，较2004年提高近38%，县财政收入以年均50%左右的速度递增。社会效益方面，南丰县被授予园艺产品出口示范区、无公害农产品（南丰蜜橘）示范基地、"中国南丰蜜橘之乡"等称号。南丰蜜橘先后被评为"绿色食品A级产品"，荣获"原产地保护产品"，2007年9月被国家工商总局认定为"中国驰名商标"。2006年，南丰蜜橘通过了欧盟绿色食品认证，实现了对欧盟的出口。圣诞节期间，南丰蜜橘在欧洲市场售价高达 90 欧元 / 千克。全年出口累计达 5000 万千克，实现了效益与声誉的双丰收。

突破路径 2：推行"一把手"工程，整合新技术成果产业化的相关资源

县域农业特色产业新技术成果转化过程涉及众多主体，因此需要政府出面组织、推动，需要成立由政府主要负责人挂帅、相关部门协调的特色产业新技术成果产业化领导组织，建立相应的激励约束机制。

实例 2："一把手"挂帅，推行项目集成，全力培育壮大林西奶牛养殖业

内蒙古自治区林西县属国家级贫困县，一般财政预算收入不足 1 亿元，占全县人口近 80% 的农业人口人均纯收入不到 2300 元，县域经济社会在较低水平上运行。为壮大县域经济实力，促进农民增收致富，林西县委、县政府进行了深入细致的调查研究，制定了把实现奶牛养殖产业化作为拉动地方经济快速发展、带动农牧民依靠科技进步快速致富、大幅提高农牧民收入和地方财政收入的发展目标。

自 2002 年同蒙牛乳业集团签订合作协议发展奶牛养殖业以来，林西县先后组织实施了自治区科技工作试点县（市）重点科技项目"林西县高产优质荷斯坦奶牛纯繁试验示范项目""林西县肉牛胚胎移植项目""自治区科技成果转化高产奶牛核心群建设项目"等一批科技项目，为培育奶牛养殖业奠定了基础。2005 年，为进一步提升奶牛养殖业品质，林西县组织实施了国家科技富民强县专项行动计划"林西县优质奶牛肉牛养殖技术集成推广项目"，并成立了由县长任组长，科技副县长任副组长，由财政局、科技局、畜牧局和农牧局等相关部门领导为组员的专项行动协调领导小组，统一负责组织项目的实施。

在国拨资金和区、市财政配套资金有限，县本级财政较为紧张的情况下，为了保证该项目的顺利开展，使依靠科技壮大奶牛养殖业真正取得实效，在县委、县政府的大力协调下，林西县将风沙源治理资金、以工代赈资金、畜牧部门资金和"专项行动"资金进行了统一协调、各有侧重地捆绑使用，用于支持奶牛项目建设。以畜牧局农业专项资金重点用于奶牛肉牛养殖小区硬件环境建设，以"专项行动"资金用于胚胎和冷冻性控精液引进、养

殖小区信息网络建设、农牧民技术培训等领域，为奶牛养殖业发展提供全方位科技服务。将各类项目进行集成，既发挥了资金的规模效益，弥补了单项资金使用中的不足，又在项目实施过程中加强了特色支柱产业相关部门的交流与合作，形成合力，共同推进县域经济社会的发展。

经过几年的积极建设，林西全县奶牛养殖小区共建21处，奶牛养殖户达428户，奶牛存栏达10 000头，日产鲜奶70吨，肉牛、肉羊存栏分别为5.4万头和40万只，出栏分别为5.4万头和40万只。同时，加快家畜良种推广步伐，进一步提高牲畜质量，优化品种结构。2006年共完成牛冷配2.3万头，其中奶牛冷配0.63万头，建肉羊人工授精站138处，完成肉羊人工授精14.4万只，全县良种及改良种畜比重达95.5%。奶牛养殖业不仅为林西县小区内的养殖户带来很大的经济效益，同时又辐射了周边农户加快产业结构调整的步伐，带动了饲草、饲料等相关产业的崛起和牧草产业的开发。全县共完成多年生人工牧草种植面积16.2万亩，一年生牧草种植面积12万亩，完成秸秆转化3.5亿千克，其中青储2.8亿千克、微储及生物发酵0.15亿千克，秸秆转化利用率已达到80%以上，为当地经济发展构筑了新的平台。

突破路径3：提升县（市）科技主管部门服务能力，发挥其新技术成果导入的主体作用

提高县（市）科技主管部门的科技服务能力，发挥科技主管部门在特色产业新技术成果导入上的主体作用，实现"科技主管部门领唱、相关部门和单位合唱"的新局面。

实例3：提升科技地位，强化服务能力，统领都昌珍珠取得新发展

江西省都昌县地处鄱湖之滨，辖湖岸线180千米，占鄱阳湖总面积的1/3，全县总面积2725平方千米，其中水域面积1338平方千米，独特的地理区位优势为都昌淡水有核珍珠养殖业的发展提供了先天资源优势，全县淡水有核珍珠养殖面积20万亩，现有1万余户农民、5万余人从事珍珠养殖，面积达3.5万余亩，年产近120吨，年产值突破1亿元，成为都昌县特有的区域性支柱产业。

为进一步提升都昌县淡水珍珠的品质，加强市场竞争力，都昌县围绕"科教兴县"战略，借实施国家科技富民强县专项行动计划项目"都昌县淡水有核珍珠标准化养殖技术集成与示范"之机，成立了以县长为组长，主管科技和农业的 2 位副县长为副组长的专项行动协调领导小组，进一步健全了各级党政"一把手"抓第一生产力责任制，并将科技工作了纳入各级党政领导年终目标考评内容，从制度安排上为强化科技在全县经济社会发展中的统领地位提供了保障。此外，都昌县每年分别召开 4 次以上县委常委会或县长办公会专题研究科技工作，及时解决科技工作中出现的困难和问题；县政府每年召开 2 次科技工作大会部署科技工作，表彰科技工作先进，奖励优秀科技成果。县委书记、县长经常到科技一线，亲自过问科技、亲自做科技工作，做到要人配齐、要政策给足、要经费支持、要领导到位，变科技工作由科技部门"独唱"为全社会"大合唱"。

为强化基层科技服务能力，都昌县配齐了各乡（镇）分管科技副乡（镇）长和各农技推广站站长，使基层领导也能明确其各自任务和职责；同时，县人大、县政府、县政协每年都要听取全县《科技进步法》执行情况的汇报，定期开展专项执法检查和督导，使全县的科技管理工作走上了法制化的轨道。2005 年，都昌县被江西省科技厅列为"全省科技管理一把手工程试点县（市）"之一。在科技投入方面，县政府本着"再穷不能穷科技"，都昌县逐年加大对科技的投入，不仅对"科技三项费用"做到了逐年增加，确保了科技投入的法定增长，还从县本级财政中划拨了专项经费，为科技局配齐了计算机、工作用车，使该县科技局的办公条件成为全省一流水平；在科技队伍建设方面，都昌县充实和调整了县科技局的领导班子，成立了老年科协、科技专家决策咨询委员会，鼓励科技人员进社区，有效充实和壮大了科技队伍，下发的《关于切实加强科技工作的若干意见》《关于选派科技特派员下乡村兴科技的实施方案》，对全县有突出贡献的拔尖人才、乡土人才、科技特派员，分别给予 10 000 元、8000 元、5000 元的奖励，并在干部使用上给予破格提拔，做到兑现政策有奖惩，用优惠的政策使 2 万多名各类科技人才脱颖而出。

通过加强科技工作，实施各项科技项目，极大降低了都昌县淡水有核珍珠养殖、加工生产成本，提高了经济效益，真正做到了帮助农民依靠科技脱贫致富。全县已有养殖基地 13 个，养殖示范面积 2000 亩，新增就业 2 万人，育珠蚌的成活率平均达到 90%，优质珍珠达到 30%。农民人均增收 540 元，示范户户均纯收入达到 3.5 万元，提高了 50%，财政增收 1260 万元，都昌县淡水有核珍珠养殖业走上了科学高速发展的道路。

突破路径 4：建立以财政投入为主体的新技术成果导入的资金投入制度，克服市场失灵

农业新技术转化具有明显的正外部性，因此在转化的过程中出现了市场失灵，只有建立从中央财政到县（市）财政投入为主导、社会多元参与的特色产业新技术成果导入资金保障机制，才能克服市场失灵的困境。

实例 4：以财政投入为引导、建立多元化投入机制

广西壮族自治区兴安县生产的罗汉果是广西传统道地特产药材，其市场需求量越来越大，发展前景看好。兴安县在罗汉果生产上具有得天独厚的优势，但由于科技资源和相关资金投入不足，致使兴安县的罗汉果产业发展缓慢、经济效益不高。2005 年以来，兴安县委、县政府围绕"罗汉果产业化开发与示范"的实施，强调建立以财政投入为引导、社会各方积极参与的多元化投入机制，以有效突破罗汉果产业发展的科技、资金缺乏的瓶颈。

首先，县委、县政府出台了相关政策，吸引多方资金投入，先后制定和实施《科教兴县工程实施方案》《关于引进扶持高新技术、加强技术创新的决定》《兴安县科技进步示范县建设与发展规划》《关于科技兴县，实现兴安社会经济快速发展的决定》和《关于科技兴县、实现兴安社会经济快速发展的实施方案》《关于引进资金，引进人才建设兴安的暂行奖励办法》等具体措施和办法，实行全方位开放，引进项目、引进资金、引进人才发展兴安县经济，同时还实施《兴安县专业技术拔尖人才选拔管理办法》，表彰、奖励为发展兴安经济做出突出贡献的科技人员，使全县科技人员达 7236 人，其中有高级技术职称的人员 253 人，中级技术职称人员 3356 人，初级技术职称人员 3627 人；农民技术员 7886 人。

其次，在政府资金投入方面，不断增加财政科技投入。2004 年共支出科学事业费、科技三项费用、科研基建费和各部门事业费中安排的科研经费共 606 万元，占财政当年支出 3%。2005 年，在上级财政投入的基础上，经县人大会议通过，县财政每年安排专项行动实施经费 100 万元。同时县委、县政府制定相关政策，建立了以财政投入为引导、企业投入为主体、金融部门和农民积极参与的多元化投入机制。目前，该县在罗汉果产业上已投入 7329 万元，其中，政府财政投入 449 万元，占 6.13%；企业投入 4880 万元，占 66.58%；农民投入 2000 万元，占 27.29%。财政投入与企业投入和农民投入的比例约为 1∶11∶4。

多元化投入机制，有力地促进了兴安县罗汉果产业的发展。2007 年，罗汉果产业实现新增产值 3 亿多元，新增税收 2000 多万元，占全县财政收入的近 10%，为全县农民人均增加纯收入近 300 元。

5.3.2 特色产业新技术成果本地化开发困境的突破路径

在前瞻性的双重洞察分析有了结果并得到了政府的认同与支持之后，被论证确定的新技术成果通过技术市场或其他方式正式进入县域农业特色产业，接下来面临的问题是如何将已引入的新技术成果进行本地化开发。由于农业新技术成果自身的特殊性，导致其不具有普适性，容易受到如温度、温差、湿度、土壤、水源等自然条件的影响，实验室中的新技术成果不一定就能完全适合当地。所以，新技术成果的本地化开发是农业科技成果由潜在的生产力转化为现实生产力这一过程的重要环节，其实质还是一个研究与实验开发的过程，在这一过程中，它包含了研究与试验、中试及成果鉴定等多个组成部分。面临的主要困境就是如何解决承担主体和资金投入问题。

首先，由于我国农业还处于弱势地位，而且农业资本的积累还非常有限，加之农户经营的分散化，农业科技只能作为公共物品由政府来提供。但是新技术成果的本地化开发工作还具有研究性质，因此，由具备政府事业单位性质的研究部门（主导产业相关研究中心、生产力促进中心等公共服务平台）来承担是必然选择，通过集成县域内外的科技资源，建立新技术本地化开发平台，既可以为新技术成果的本地化开发提供技术支持，同时也为该地区培养一支高素质的本地化人才队伍，为新技术成果的示范和推广奠定良好的人才基础。

其次，关于新技术成果的本地化开发资金投入问题，应在以政府投入为主体的基础上，通过调动本地资源，建立以政府为主导，政府、产业组织、农户组织、企业、社会风险资金多方投入的融资机制解决资金投入问题。

最后，促使当地企业或企业联合体的研究部门同时参与进来，这样既可以进一步增强新技术成果的本地化开发力量，又可以加大资金投入，同时对于企业来讲，参与新技术的本地化开发还能保证企业或企业联合体的生产能及时根据新技术成果的开发情况进行预先调整，避免生产流程和生产工艺与农业新技术成果的最终产品不适应。

突破路径 5：组建特色产业新技术成果本地化开发平台

由县（市）政府出面，科技局主持管理，组建特色产业新技术成果本地化开发平台，提高新技术成果本地化开发水平和科技服务能力，具体的形式既可以集中本地区分散的科技人员，也可以借助外力的形式组建生产力促进中心、研究所、公司等具有公益性，但又按照市场规律运作的机构（表5-3）。

表 5-3　县域特色产业新技术成果本地化开发困境的突破路径

序号	具体路径	路径说明	实例县（市）	具体举措
突破路径 5	组建特色产业新技术成果本地化开发平台	由县（市）政府规划，县（市）科技局主抓特色产业新技术成果本地化开发平台的组建工作，充分利用县域外科技资源，提高新技术成果本地化开发水平和科技服务能力	内蒙古自治区克什克腾旗	搭建新技术成果本地化开发平台，聚合创新资源，推动特色产业创新

实例 5：搭建新技术成果本地化开发平台，聚合创新资源，推动特色产业创新

内蒙古自治区克什克腾旗是以草原畜牧业为主业的边疆少数民族地区，畜牧业产值占全旗国民生产总值的近一半，是农牧民收入的主要来源。由于畜牧业的整体发展水平较低，传统上畜牧业以放牧为主。为提高农民收入而不断增加的肉羊存栏量，造成了克什克腾旗草场超载放牧问题越发严重。不仅给克什克腾旗生存环境带来严重威胁，而且肉羊养殖与生态保护的矛盾日益尖锐，畜产品商品率低、质量差、效益不高，导致农牧民增收步伐缓慢。

为恢复和改善该地区的生态环境，保障畜牧业可持续发展，实现贫困农牧民收入稳定增长，克什克腾旗依据自身实际，瞄准畜牧业发展需求，提出以引进优良肉羊品种进行全旗推广为切入点，以提高单位牧场承载能力，实现畜牧业升级，促进农牧民增收为目标的发展思路。为此，克什克腾旗重点完善了家畜胚胎移植技术研究推广中心的基础实施和工作条件，将全旗专业技术人员进行集中，组建了一支专业队伍，全面负责优良肉羊品种引进与推广，搭建了一个专业化的畜牧业新技术成果本地化开发平台。中心建成以来，已同澳大利亚墨尔本大学兽医学院和农学院等建立了长期技术合作关系，重点对国外肉羊良种进行筛选。同时，中心同中国农业大学动物遗传育种与繁殖系、中国社会科学院畜牧研究所、内蒙古自治区畜牧科学院、内蒙古自治区家畜改良工作站等单位建立了长期有效的业务合作和工作关系，聘请相关专家到中心进行技术培训与合作研究，并重点对引进的新品种进行本地适应性开发和受孕母体培育。

中心成立以来，先后从澳大利亚购入冷冻胚胎9000枚，在全旗共建设胚胎移植站10处，11个苏木乡镇共集中上站受体母羊17 000多只，共涉及800多户农牧民，生产纯种肉用羔羊5200多只，所有胚胎移植羔羊在7—10月回收，农牧民增收400多万元，户均年增收5000多元，通过胚胎移植技术进行的优良肉羊品种的推广，为全旗畜牧业升级，农牧民增收致富，提供了有力保障。

5.3.3 特色产业新技术成果示范困境的突破路径

经过本地化开发之后的新技术成果，基本上确定了新技术对该地区的适用性，同时也能够估算出新技术为该地区带来的效益，下一步工作就是如何使预期效益好的本地化新技术被广大农户接受。本地化开发后的新技术已经被研究开发人员证明是好的，但是要想让广大农户接受，必须用生动的语言和鲜活的事实展现出来，而展现的过程就是新技术的示范过程。在这一过程中，不仅涉及在何处展现、如何展现、展现程度，还涉及由谁来展现。也就是说，在新技术示范的过程中涉及多个困境，包括新技术示范主体、新技术示范载体及新技术示范经费等。

首先，在新技术示范主体和新技术示范载体方面，由于新技术示范过程不具有营利性（或不是以营利为主要目的），主要目的是让广大农户亲身感受新技术的实际效果，用事实说服广大农户接受新技术、新品种。因为它体现的是一种公益性，所以新技术示范主体理应由政府来承担。新技术示范载体是指在新技术示范过程中涉及的新技术示范人员、新技术示范场地、新技术培训等。在以往的新技术示范活动中，由于本土人才匮乏，导致新技术示范

活动开展效果较差，而且新技术示范活动缺乏持续性，因此，在进行新技术示范过程中，针对不同层次的人才培养对象，由政府组织培养一批乡土人才是保证新技术示范活动效果的首要任务。这些本土人才不仅可以充当新技术传播者的角色，还可以成为新技术本地化开发的研究人员的后备力量和新技术推广力量，从而为本地化的新技术迅速传播奠定坚实的基础。

其次，在新技术示范经费方面，相对于新技术导入和新技术本地化开发，由于新技术示范涉及大规模的培训和新技术示范基地的建设，所需资金越来越多，政府在解决新技术示范所需资金的问题上，可以通过建立一套以政府为主、企业和金融机构等共同参与的多元化投入机制来解决。因为此阶段的新技术已经是成熟的，技术风险已经很小，企业完全可以在此时参与到新技术示范的过程中来，既可以在此过程中掌握更多的关于农产品的生产信息，又可以在此过程中发掘更多的宣传机会，达到扩大企业影响的目的。

突破路径 6：建设特色产业新技术成果转化示范基地

由县（市）政府出面，科技局主持管理，建设特色产业新技术成果示范基地，将本地化成功的新技术成果展示给广大农民。此外，以示范基地为依托，整合县域内外的科技资源，在树立特色产业新技术成果典型的同时，为县域农业特色产业发展培养一批乡土人才和致富带头人，通过他们的言传身教，进一步扩大特色产业新技术成果的影响（表5-4）。

表 5-4　县域特色产业新技术成果示范困境的突破路径

序号	具体路径	路径说明	实例县（市）	具体举措
突破路径 6	建设特色产业新技术成果转化示范基地	由县（市）政府规划，县（市）科技局主抓特色产业新技术成果示范基地的建设工作，整合县域内外科技资源，帮助和鼓励科技示范户搞好示范，将本地化成功的新技术成果优良的性状展示给广大农民	河北省迁西县	以示范基地为平台，充分展示新技术效益，带动迁西板栗全面升级

实例 6：以示范基地为平台，充分展示新技术效益，带动迁西板栗全面升级

河北省迁西县传统优势主导产业是板栗，其板栗出口量占全国板栗出口量的 1/8，是著名的"板栗之乡"和"全国优质板栗出口基地县"。为进一步提高迁西板栗的品质和产量，迁西县以县内河北省燕山科学试验站、迁西县生产力促进中心作为新技术研发和转化平台，先后聘请了包括刘更另等 7 位院士、12 名博士组成的"专家咨询服务团"，协助县内板栗产业的"土专家、田秀才"共同开发出了"截干切拉""矮密种植"和"植物驱虫"等有较强针对性的提质增产技术。但是，由于板栗生长周期较长，按传统方法种植，从移苗到挂果一般需要 15 年左右时间，并且在栽培过程中所需的资金投入、人力和土地等资源投入较大，使得在现有基础上改变田间管理方法，需要面对较大的风险。因此，栗农对当前还未能见到实效的新技术成果，表现出来的积极性不高。

针对这一情况，迁西县科技局以财政拨款做支持，先期建设了 100 亩板栗新技术示范区，为方便广大栗农前来参观学习，迁西县专门为该示范基地修建了一条连接县内主干道的公路。经过几年的建设，示范区内板栗进入挂果期，单位亩产和成果品质较传统自然生长的栗园有了大幅提升，新技术成果得到了更为直观的展现，使前来参观和学习的栗农切实体会到新技术带来的经济效益。此时，示范基地更进一步面向广大栗农开展了科技服务活动，提供各类科技信息万余条，开展各种技术培训、技术讲座 180 余场次，受训人员上万人次，并免费提供新品种接芽，使新品种和种植技术在全县范围内迅速推广，带动了全县板栗产业的扩张和升级，示范基地的带动效益得到了充分体现。

5.3.4 特色产业新技术成果推广困境的突破路径

随着新技术示范工作的开展，为了将新技术尽快扩散到更大范围，让更多的农户接受新技术、新品种，就需要解决多方面的问题。在以往的技术推广工作中，我们发现主要困境包括以下两个方面：第一，农民采用新技术的意识和积极性不足。这主要是因为与工商业、服务业等众多行业相比，农业受自然条件影响大，效益较差，大批年轻的和文化水平较高的劳动力已从农

村转移到城镇；农户习惯于沿用多年来积累的耕作经验，加之农产品价格不合理，收购中的打白条、乱摊派等因素，导致增产未必能增收，这挫伤了农民的生产积极性，致使农民对采用新的农业科技成果的积极性不高。第二，新技术推广资金严重匮乏，技术推广网络瘫痪。据统计资料显示，我国农技推广经费仅占农业总产值的 0.18%，大大低于世界上同期发展中国家 0.44%的平均水平。一些基层部门往往忽视农技推广工作的特殊性和农技推广部门肩负的重要使命，片面地减员、减拨事业经费，盲目下达创收任务，甚至要求基层农技推广部门转化为经济实体，使本身就处境困难的农技推广部门雪上加霜，一些地方"网破人散"，农业科技推广工作陷入瘫痪。

针对以上技术推广工作中存在的困境，我们应该从以下 3 个方面进行突破：第一，明确技术推广工作的主体。由于技术推广工作既关系广大农户的增产增收，又关系企业是否有足够多的高质量的初级农产品用于生产，所以，技术推广工作的主体应该是政府与企业共同承担；技术推广经费，应该由政府或相关部门联合社会中介服务部门，如银行、信用社、保险部门及其他配套服务部门根据市场经济规律建立责权分明的共同投资和风险保障机制来保证。第二，通过多种渠道，采用多种措施和方式促使广大农户接受新技术。例如，建立和完善技术培训服务体系、各级技术推广组织、科技创新服务平台，通过各种形式的培训、教育、技术上门服务等让更多的农户亲身感受新技术的先进性，将新技术迅速传播出去；通过培训和扶持农业生产能手和生产大户，树立典型，使他们在接受新技术之后，间接影响更多的农户接受新技术。第三，通过企业与农户签订生产合同的方式，以优惠合理的价格带动广大农户的接受意愿。

突破路径 7：加强针对广大农民的科技培训和科技服务的人才队伍建设

由县（市）政府针对特色产业发展过程中的相关生产特性，采取专家大院、科技特派员、科技下乡、科技干部挂职、公司技术人员等多种形式，完善针对广大农民的科技培训和科技服务的人才队伍建设，使农民在生产过程中能够得到及时、有效的指导和帮助（表 5-5）。

表 5-5 县域特色产业新技术推广困境的突破路径

序号	具体路径	路径说明	实例县（市）	具体举措
突破路径 7	加强针对广大农民的科技培训和科技服务的人才队伍建设	由县（市）政府规划，采取专家大院、科技特派员、科技下乡、科技干部挂职、公司技术人员等多种形式，完善针对广大农民的科技培训和科技服务工作，使农民在生产过程中能够得到及时、有效的指导和帮助	广东省高州市	构建多渠道、多形式的科技培训网络，提升农民技术素质
突破路径 8	建立健全县域农业特色产业小额贷款发放制度	由县（市）政府协调本地金融机构或企业，以提供贷款担保和贷款贴息的支持方式，建立健全小额贷款发放制度，帮助广大农民解决采用新技术成果的资金问题	广西壮族自治区武鸣县	建立健全小额贷款发放制度，多方位支持农户生产
突破路径 9	建立特色产业生产保险体系	由县（市）政府规划，协调保险等金融机构，分担农户采用新技术成果的风险，支持广大农户生产	河北省平泉县	以财政为引导，整合金融保险机构，为食用菌产业保驾护航

实例 7：构建多渠道、多形式的科技培训网络，提升农民技术素质

广东省高州市以热带亚热带水果生产闻名全国，被誉为"全国水果第一市"。高州市水果产业虽然具有规模大、品种全、自然条件优越的特点，但是高州市政府也清醒地知道本地水果产业生产的弱点，主要表现为果农多以传统的耕作方式进行生产，缺乏科学有效的管理，片面追求高产量，使得水果的品质参差不齐，难以适应日益激烈的水果市场的竞争。

高州市政府针对这种情况，采取多种形式加强对果农的培训，取得了良好的效果，主要表现为：一是建立健全农村科技培训体系。完善原有星火培训学校的软硬件配套设施建设，并在各镇建设农民技术学校，市直各涉农部门和单位也要建立健全专业性科技培训中心。科技局采取与各涉农部门、

单位联合的形式，进行资源整合，形成合力，共同推进农村科技进步，同时又要突出重点，重点培训农村青年科技带头人，提高农民生产技能和创业能力，提高农村干部和基层科技干部管理水平。①开展科技培训。以星火培训学校为阵地，按照实际、实用和实效原则，采取不同形式，经常有针对性、目的性地为农民进行科技文化教育和生产技能培训。此外，还要以镇农技学校为依托，对农民开展多种多样的技术培训活动。②送科技下乡。结合农村精神文明建设和科技、文化、卫生"三下乡"等活动开展包括聘请专家教授到镇授课、咨询，发放科技资料，举办科技集市，进行科技图片巡回展览等活动，将农技知识送到千家万户。

二是建立健全农村信息化科技服务体系。①建设一个覆盖全市的农村科技信息服务网络，培养一支农村科技信息服务队伍。在原有科技信息网络示范镇、村、户基础上，进一步推动科技信息网镇、村节点建设，形成市、镇、村、户四级科技信息网络。采取激励机制，激发基层信息员的积极性，确定专人负责信息开发工作，多渠道组织开发信息员，形成有效的农村科技信息员队伍，充分发挥信息作用，及时获取信息网的适用技术信息，不断更新网上信息，扩大信息容量，增强网络的吸引力。要充分挖掘和利用网上信息，正确指导当地农业生产、农产品销售。通过项目的实施，有效提高我市农村科技信息网络覆盖的广度和相关信息利用的深度，形成信息产业带动农业产业发展格局，从而推动我市农业的可持续发展和农村小康建设。②设立农业科技信息服务机构，开展直接的信息咨询和现场服务。在农业大户、专业合作组织和农业龙头企业设立信息示范点，扩大信息采集途径，利用信息采集系统及时向上级网站发布信息。通过农业信息服务机构在沟通政府与农民之间、生产与市场之间搭建桥梁，实现农业信息双向交流。信息服务机构一方面利用网站来指导农业生产，另一方面将生产者需要上传的信息及时发布在网上，为网站提供全面、真实、高效的信息来源。

以专项行动支持的项目实施为契机，在提高广大农民技术素质的基础上，高州市水果生产从传统农业进入特色、优质、高效的发展阶段。2007年，全市水果年增收超过4亿元，真正实现了广大农民得益、地方财政增收的"富民强县"的目标。

突破路径8：建立健全县域农业特色产业小额贷款发放制度

由县（市）政府出面，协调本地金融机构或企业，以提供贷款担保和贷款贴息的支持方式，建立健全小额贷款发放制度，解决广大农民在采用新技术成果过程中的前期投入困难。

实例8：建立健全小额贷款发放制度，多方位支持农户生产

广西壮族自治区武鸣县的甘蔗、木薯、水果、养殖是当地四大农业支柱产业。木薯是武鸣县种植面积仅次于水稻的第二大作物，分布在全县的所有乡镇，包括90%的村、社区，80%的农户，2004年总产值为2亿多元。

武鸣县的木薯产业虽然总量很大，但是还存在技术水平低、生产规模小的弱点，这些弱点导致的直接结果就是木薯品种老化单一，难以满足加工企业的不同加工要求，农户种植收入持续徘徊不前。武鸣县委、县政府为了解决产业发展过程中存在的这些问题，从木薯良种上入手，不仅从技术上进行攻关，而且下大力气帮助农民采用先进技术成果，其中的典型做法是协调金融部门加大技术对木薯产业的支持力度，大力推广小额信用贷款，扶持农民种植投入。

首先，武鸣县在政策上肯定了发展木薯产业的态度，专门出台了《武鸣县木薯产业发展规划》（2003—2008年），明确要求：金融部门要加大对木薯产业的支持力度，继续推广小额信用贷款，尽量满足农户小额贷款需要，扶持农民扩大木薯种植规模、改良品种，扶持种植能手连片种植、规模经营。要创新金融服务，为木薯加工企业提供多方位、高效率的金融服务。要在原有开办的贷款担保方式的基础上，探索新的担保方式和途径，如产权抵押、股权抵押等。对产权明晰、管理规范、落实有效担保、保证贷款安全收回、有市场、有效益、守信用的木薯加工企业，要进一步加大投放力度，满足信贷需求。通过信贷扶持，培植壮大优势企业。

其次，武鸣县的金融部门积极配合和支持县委、县政府的决策，每年入春，该县农村信用社就把支持春耕生产作为当年第一、第二季度信贷工作的重点来抓，上下层层提早谋划，统筹安排，先后组织130多名信贷员深入村屯农户家中，详细调查，掌握春耕生产的品种和项目，开展信贷调整工作，使信贷支农的目标更加准确，重点更加突出。该县实行"统一法人"后的各镇基层社还采取延长各网点营业时间、上门服务、简化手续、现场办公等办法，全力为春耕生产贷款开绿灯。同时，层层实行农户贷款、农信社社员贷款、农业贷款"三优先"和农户小额贷款优惠措施，确保满足农户春耕生产

贷款的需求，受到了广大农民群众的欢迎。

截至 2004 年，县农村信用社已累计组织发放各项贷款 42 134 多万元，其中发放春耕生产小额贷款 23 989 万元，同比增加 7453 多万元，占各项贷款的 56.9%，为群众的增收架起了一座"金桥"。事实证明，农村小额信贷在解决农民发展难题中正发挥着越来越重要的作用，已经成为农业增效、农民增收、信用社增盈的"催化剂"。

突破路径 9：建立特色产业生产保险体系

由县（市）政府根据县域农业特色产业特点，从支持农户生产的角度出发，协调保险等金融机构，为农户解决因采用特色产业新技术成果而面临的初期生产投入资金困难的问题。

实例 9：以财政为引导，整合金融保险机构，为食用菌产业保驾护航

河北省平泉县是我国北方最大的食用菌生产基地县，2006 年，全年生产食用菌 8 万吨，产值 8 亿元，是平泉县主要支柱产业之一，也是农民收入的重要来源。食用菌栽培具有前期投入大、生产工艺复杂、环境要求高等特征。在栽培过程中，温度、湿度、日照的细微变化，以及人员操作的准确度和熟练程度，都直接关系食用菌的产量、质量，整个过程自始至终伴随着较大的风险，直接影响到菇农的收益。尤其是在栽培新技术、食用菌新品种的推广过程中，生产所面临的风险更高，由不确定因素导致菇农生产经营失败的事件屡有发生，给菇农造成了极大损失，也对新技术成果的推广产生了不利影响。

为有效分散风险，保障菇农利益，解除菇农采用新技术成果的后顾之忧，平泉县政府广泛联系县内外各保险公司，在一定范围内提供优惠政策，引导其为食用菌生产承保。同时，每年从县本级财政中列支一定的资金，按照"三三制"原则，即菇农投保保费总额的 1/3 由县财政直接支付保险公司，1/3 补贴菇农，而菇农自身只需要支付 1/3。这一做法既保护了保险公司的利益，带动其积极参与到产业新技术推广工程中来，促进了产业发展保障体系的完善，同时，又大大减轻了菇农投保的负担，解除了菇农采用新技术的后顾之忧，坚定了采用新品种、应用新技术的信心，积极推进了食用菌产业的整体升级。

5.3.5 特色产业新技术成果产业化经营困境的突破路径

新技术成果经过了导入、本地化开发、示范及推广等一系列过程之后，新技术成果价值不断增值，表现形式也由最初的技术变为物质（附加了新技术成果价值的初级农产品），为了最大限度地展现新技术成果的价值，必须将附加了新技术成果价值的初级农产品进行加工并销售出去，用产业化经营的手段在市场中实现新技术成果的最终价值。在产业化经营阶段，面临的主要困境是产业化经营的主体是谁、产业化经营的方式。

首先，在产业化经营的主体方面，由于农产品的深加工和销售需要投入大量的资金、加工设备及建立销售队伍，这就决定了政府、农户和科研机构都不具备农产品深加工和销售的能力与优势，在运输、保鲜、包装、管理、销售等多个环节不具备运作的可能（或运作效率低下），更谈不上规模化。因此，新技术产业化经营的主体只能由当地特色农产品加工企业来承担，附加了新技术成果价值的初级农产品只有依靠企业才能充分展现新技术成果价值。

其次，在产业化经营的方式方面，由于以往的农业生产没有经过严格规范的生产管理，初级农产品大多不符合大规模深加工的要求，导致企业没有标准化的初级农产品可供采购，企业产品质量难以控制，很难大规模地生产符合市场需要的标准化、高品质的产品，也就无法实现持续、稳定地开拓市场，当地特色产业的产业化水平自然也就无法得到提升。最终导致农产品附加值不高，农民、企业和当地政府获益很少。

因此，农产品加工企业必须采取与农户生产相结合的方式，与农户结成利益共同体，对农户的生产过程进行指导，帮助其提高农产品质量，使之符合企业生产需要，为最终实现企业的品牌化销售奠定基础。同时，政府应扶持相关龙头企业发展，鼓励各种形式的新型农民合作组织参与农产品产业化经营，通过加强各种市场服务体系建设，构建特色产业地区品牌，提高当地产业化发展水平，使当地特色产业走上品牌化发展道路。

突破路径 10：建立新型农民合作组织

县（市）政府依据县域农业特色产业特点，因地制宜地建立或扶持新型农民合作组织，依靠新型农民合作组织将分散的资源集成起来，以企业形式运作并充分展现特色产业新技术成果价值，促进县域农业特色产业发展（表5-6）。

表 5-6　县域特色产业新技术产业化经营困境的突破路径

序号	具体路径	路径说明	实例县（市）	具体举措
突破路径 10	建立新型农民合作组织	县（市）政府依据县域农业特色产业特点，因地制宜地发展或扶持新型农民合作组织，将分散的资源集成起来，以企业形式运作并充分实现特色产业新技术成果价值，促进县域农业特色产业发展	天津市宁河县	充分发挥行业协会作用，全方位支持农户生产
突破路径 11	组建或扶持特色产业的深加工型、销售型龙头企业	县（市）政府依据县域农业特色产业特点，因地制宜地发展或扶持特色产业的深加工型、销售型龙头企业，以更好地实现特色产业新技术成果价值，促进县域农业特色产业快速发展	厦门市同安区	建立"从田头到餐桌"的生猪产业体系，同安区以龙头企业带动产业快速发展
突破路径 12	组建对外销售的平台	县（市）政府促进特色产业走品牌化、标准化道路，全面开拓产品销售市场，以更好地实现特色产业新技术成果价值，实现建设地区大市场，打造地区品牌，促进县域农业特色产业跨越式发展	云南省富宁县	创新产业发展思路，打造特色产业地区品牌

实例 10：充分发挥行业协会作用，全方位支持农户生产

天津市宁河县的生猪养殖业是当地的支柱产业，县委、县政府十分重视生猪养殖业的发展，成立了由县长任组长的宁河县生猪生产发展工作领导小组，组建了联合研发、生产和销售环节的宁河县养猪协会，从组织上保证生猪生产健康发展。此外，宁河县委、县政府还从制度上提高生猪生产的积极性，相继出台了《宁河县关于农户小额贴息贷款发展畜牧业的实施意见》《关于扶持设施农业发展的意见》，明确对养猪户、养猪小区给予资金和政策支持。

宁河县科委积极配合县委、县政府发展生猪养殖业的战略部署，集成县

域内外资源筹建了宁河县养猪协会，并充分发挥养猪协会的作用，与宁河县原种猪场、人工授精站、饲料厂、化验室、天河畜牧培训中心等单位建立了稳固的合作关系。养猪协会的主要组成成员之一的宁河原种猪场是天津市政府命名的天津市农业产业化经营重点龙头企业，是全国养猪协会命名的"全国最佳养猪企业"，建有天津市现代畜牧技术工程中心和全国畜牧业首家博士后工作站，通过了 ISO9001 质量体系认证。宁河原种猪场是国内唯一把丹麦长白、英国大约克、美国杜洛克三大原种猪全部由原产地引进的种猪场，产品销往全国 28 个省（市、自治区）。受农业部委托，该厂代表我国向缅甸、朝鲜进行技术输出，在受援国家建立原种猪场。宁河原种猪场和中国农业大学合作 20 多年，使企业技术达到国内领先水平。在肉猪品种的系统选育、疫病防治、饲料研究、粪污处理利用、抗应激分子标记育种等方面多次承担国家、市级、县级科技项目，曾获天津市科技兴市突出贡献奖，多次获天津市科技进步奖二、三等奖。

宁河县养猪协会通过协调成员单位不仅实现了技术服务上的一体化，而且实现了技术与市场的一体化，为养殖户提供全方位支持。养猪协会实行会员制，采用统一操作细则及监督、统一提供种猪或精液、统一供应饲料、统一进行技术服务、统一防疫、统一销售"六统一"方式推广技术，为养猪农户提供全方位的技术服务，彻底地解决了养猪农户的技术困难。

宁河县依靠产业协会建立和完善生猪生产、防疫技术服务体系，提高了生猪饲养技术水平，推动了生猪生产健康快速发展，在最近 2 年多的时间里，宁河县养猪协会推广猪人工授精 10 万头，推广高效优质安全饲料 15 万吨，推广养猪废弃物无害化处理 16 家。2006 年，全县出栏优质肉猪 100 多万头，养猪纯收入达到 3.69 亿元，种猪场、饲料厂、屠宰厂等实现利税 6390 万元，县财政增加收入 2108 万元，安置农村劳动力超过 8000 名。

突破路径 11：组建或扶持特色产业的深加工型、销售型龙头企业

县（市）政府依据县域农业特色产业特点，因地制宜地组建或扶持特色产业的深加工型、销售型龙头企业，依靠企业充分展现特色产业新技术成果价值，促进县域农业特色产业快速发展。

实例 11：建立"从田头到餐桌"的生猪产业体系，同安区以龙头企业带动产业快速发展

厦门市同安区的生猪养殖业近年来发展非常迅速，不仅为市场供应做出了贡献，而且提供了越来越多的就业机会，但是同安区在集约化生产和产业化经营水平不断提高的同时，也存在一些亟待解决的问题：一是农民的小规模分散生产，专业化程度低，经营规模小，直接制约了畜牧业专业化进程。二是很多农户缺少专业培训，专业技术水平低下，直接制约了养殖业现代化进程。三是动物疫病防治问题仍然存在，在一定程度上影响了养殖业持续健康发展。四是育种方向与市场需求脱节，良种不能满足养殖业快速发展的需要。五是猪肉食品安全问题突出，饲养方式落后，猪肉食品质量难以控制。六是猪肉食品流通的绿色通道还没有完全建立，猪肉食品销售难问题一直困扰着广大农户。七是利益联结机制问题，猪肉食品产业化的实质是使龙头企业与农户建立比较稳定的利益关系，企业与农户之间能否建立稳定的利益联结机制，是事关产业化能否可持续发展的大事。

为此，同安区以农业产业化国家重点龙头企业——厦门银祥集团有限公司为载体，通过该企业科研成果《无公害猪肉安全生产技术体系的创建及应用》的产业化运用，建立了"从田头到餐桌"的生猪产业体系，实现了生猪养殖业的快速发展。

首先，建立了猪肉食品产业链内部的利益补偿机制，有利于增加农民收入，壮大集体经济实力。畜牧业产业化经营体系中的龙头企业，一头联结市场，一头联结基地和农户，以经济利益相吸引、以合同契约为纽带，把分散农户与龙头企业和主导产业连在一起，向生产者主动提供信息、科技、资金、物资等，有序地把生产、加工、销售几个方面融合为一体，同时生产规模不断集中、扩大，也为社会化服务体系提供了内在动力和必要条件。

其次，通过产业链的延伸，发展多层次加工、储藏、运销体系，实现多层次增值，大大提高畜牧业的专业化水平和规模效益，降低生产成本。由于畜牧业产业化体系把龙头企业和农户的利益紧密结合起来，形成利益共享、风险共担的经济共同体，作为统一的市场主体进入国内外市场，大大降低了风险。

同安区的龙头企业建立了以"无公害饲料生产—无公害养殖—动物保健与技术服务—产品回收—加工销售—出口贸易"为主体的产业链，并形成了系列化、规模化、集约化生产，构建了"公司＋基地＋农户"的全新模式，使龙头企业和农民紧密相连，形成"从田头到餐桌"的完整产业链，建立起一个"企业对产品负责，政府监督企业"的新型食品安全保障机制，实现猪肉食品产业链在生产、加工、流通等环节的多次增值，并使农民分享产业链各个环节的利润。为解决"三农"问题探索出一条无公害养殖、产业化运营之路，并通过技术的推广应用促进了同安区经济的发展。

突破路径 12：组建对外销售的平台

县（市）政府依靠科技部门提升初级农产品质量，扶持农产品加工企业走品牌化道路，开拓产品销售市场，充分展现特色产业新技术成果价值，实现建设地区大市场，打造地区品牌，促进县域农业特色产业跨越式发展。

实例 12：创新产业发展思路，打造特色产业地区品牌

云南省富宁县是云南省第一、全国第二的八角生产大县，富宁八角种植至今已有700余年的历史，八角质量国内排名第一位，被誉为"八角之乡"。近年来，富宁县把八角作为推动农村经济发展的首选经济林种，目前富宁县八角种植面积达45万亩，年产八角干品800万千克，年产八角茴香油2.2万千克，八角产品产值达1.2亿元。但富宁八角产业存在着大而不强，产业发展科技含量低的弱点，八角产品开发滞后，缺少叫得响的八角深加工拳头产品和产业规模，富宁八角这一优势产业的效益还未真正体现。

富宁县委、县政府结合云南省及文山州的"十五"和"十一五"发展规划，积极筹措资金，结合本地产业发展优势资源，大力扶持和培育本地特色优势产业。把"加快八角标准制定，开展八角速生早实丰产、低产林改造、八角产品开发等科技攻关，提高八角生产科技含量，促进八角产业快速健康发展"作为富宁县"十五"和"十一五"科技工作重点来部署。采取的主要措施有：一是依靠科研部门和八角产业加工企业，想方设法加快八角科学技术研究，与大专院校、科研院所合作攻关，解决八角科研难题，同时加快八角科技成果转化，加大八角产品开发力度，实现品牌战略，实现产品升级，拓宽八角产品的应用领域，努力把富宁建成八角精深加工中心。二是依靠引进高新科技，培育高新科技企业，走产业化发展道路。

在加速八角新技术研发、加快科技转化方面，富宁县通过整合县域内外科技资源，成立了富宁县八角研究所，为八角产业发展从多方面、多角度做了大量的试验研究工作，富宁八角研究所自成立以来取得了很好的工作成

绩：一是探明了八角低产成因。二是掌握了丰产栽培技术。2003 年，承担实施省科技厅"八角优良树种鉴定及丰产栽培技术示范"项目，经过 3 年的认真工作，于 2005 年 11 月 27 日，项目通过省科技厅专家组的验收，该技术也得到了推广应用。三是已研究并掌握八角病虫害防治技术，每年安排的八角病虫害防治示范课题都如期完成，防治率达 97%，深受群众欢迎和支持。四是研究开发的低产林综合改造技术日趋成熟。这些年来，八角研究所开展工作所掌握的技术，为富宁八角打造地区品牌提供了成熟的技术，并奠定了坚实的基础。

在培育高新科技企业方面，富宁县扶持本县 2 家较大的八角加工企业之一——天星香惠厂，扶持这一骨干企业立项实施年产 200 吨莽草酸和年产 450 吨八角精油的八角产品深加工生产线，以企业为龙头带动全县八角产业进入良性循环发展，逐步建立起八角区域化布局、专业化生产、企业化经营、社会化服务和产加销、贸工农一体化经营的八角产业化生产系统。该企业的技改投产后，年平均销售收入 19 795 万元，年利税 2119.5 万元，年利润 1245.15 万元。同时，收购八角干果 5000 吨，农民收入约 4000 万元，提供就业岗位 210 个。企业不断加快建设和扩大生产，使富宁县具有一条技术含量较高的现代化综合利用八角系列产品生产线，对当地社会、经济和科技的发展进步具有良好的推动作用。使富宁县依托八角加工企业，成功打造出"中国八角之乡"地方名优品牌。

5.4 本章小结

本章对县域农业特色产业创新模型进行了分析，提出了价值增值过程中存在的五重链接困境，即新技术成果导入困境、新技术成果本地化开发困境、新技术成果示范困境、新技术成果推广困境和新技术成果产业化经营困境。根据对专项行动试点工作的成功经验和做法的总结，认为专项行动试点工作中的成功经验和做法，为在实践中有效地突破困境提供了很好的借鉴，归纳了与五重链接困境相应的突破路径并提炼了 12 个典型实例。

第六章　县域农业特色产业创新政策建议

我国现阶段的县域农业特色产业创新活动还处于自发阶段，缺乏系统性的规划设计是个普遍现象。当前，我国大部分县（市）应以县域各自的农业特色产业现状为基础，针对特色产业存在的瓶颈，从新技术成果洞察、选择、导入，本地化开发、示范、推广及产业化经营全过程的各个环节进行深入分析，明确每个环节的瓶颈问题并制定相关措施，通过对瓶颈问题的突破，实现产业整体水平的迅速提升。

从长远来看，建立健全县域农业特色产业创新体系是我国县域农业特色产业实现持续、快速、稳定发展的最有力的武器。本书所指的县域农业特色产业创新体系是指，围绕确立的县域农业特色产业建立一套政府、研究机构、推广中心、广大农户、企业和其他中介机构广泛参与，政府引导各主体合理分工，通过长效、通畅的成果转化机制和组织、管理创新机制，建立一套新技术成果选择、导入、本地化、推广的转化和增值机制，使特色产业形成一个创新网络，并最终使特色产业技术升级、竞争力增强，实现民富县强。

自 2005 年由财政部、科技部共同实施的专项行动，是一项宏伟的振兴县（市）科技，发展县域经济，实现富民强县，服务科学发展的科技工程。这一关乎农村民生的重大科技工程，原计划实施 3 年，但由于地方，尤其是县（市）基层极高的呼声和需求，该计划继续深入实施。专项行动的实施，对于我国发展农业特色产业是一个历史性的创新，不仅具有重大的实践作用，而且具有重大的理论意义。因此，认真研究我国首批县域农业特色产业创新实践活动——专项行动试点工作中取得的成效、收获的实践经验就显得意义重大。

6.1 科技富民强县专项行动计划试点工作成效

专项行动的实施，培育、壮大了一批具有较强区域带动性的特色支柱产业，有效带动了农民致富并使财政增收，为社会主义新农村建设提供了有力的科技支撑，受到了各级地方政府的一致好评，尤其是受到了全国广大欠发达县（市）的衷心赞誉。截至 2007 年年底，科技部、财政部共批复了 398 个试点县（市），覆盖全国 1/7 的县（市），取得了令人瞩目的成绩。几年来的实践充分证明，专项行动已经成为构建完善的县（市）基层科技服务体系，推进县域经济和社会发展及建设社会主义新农村的有效措施。

6.1.1 专项行动试点县（市）的分布

从专项行动试点县（市）地域分布的特点上来看，充分体现了"重点支持中西部地区和东部欠发达地区"的原则。在 398 个试点县（市）中，中、西部地区的试点县（市）数量最多，分别达到了 177 个和 132 个；中、西部地区试点县（市）数量占全国试点县（市）总数的 78%。仅江西、河南、广西、四川和新疆 5 个省及自治区的试点县（市）数量就占全国试点县（市）总数的 20% 以上。截至 2007 年年底，专项行动试点县（市）区域分布情况如图 6-1 所示。

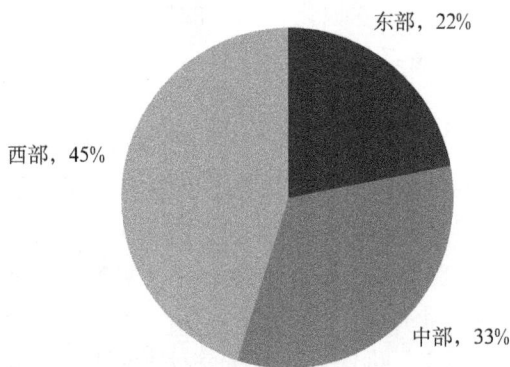

图 6-1　专项行动试点县（市）区域分布情况

数据来源：《科技富民强县专项行动计划年度执行情况报告 2005—2006》《科技富民强县专项行动计划年度执行情况报告 2007》。

从专项行动试点县（市）产业分布情况来看，突出了"培育、壮大一批具有较强区域带动性的特色支柱产业"的原则，支持的试点工作绝大部分属于种植业和养殖业，工业和服务业的数量很少。这样能够让更多的农民参与到试点工作中，能够让更多的农民亲身感受现代农业科技的力量。在398个试点县（市）中，属于种植业的试点有247个，属于养殖业的试点有126个；种植业和养殖业合计占试点工作总数的94%。截至2007年年底，专项行动试点工作产业分布情况如图6-2所示。

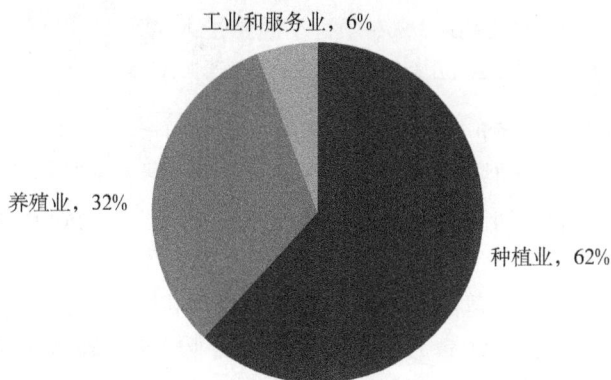

图 6-2　专项行动试点工作产业分布情况

数据来源：《科技富民强县专项行动计划年度执行情况报告2007》。

6.1.2　专项行动试点县（市）的科技工作成效

专项行动实施3年内，得到了各级政府的高度重视。中央财政以6亿元的国拨资金成功吸引了各级地方财政和企业配套资金96.7亿元。其中，地方各级财政投入11.4亿元，企业自筹85.3亿元。截至2007年年底，专项行动经费投入情况如图6-3所示。专项行动的实施，充分贯彻了国家"注重引导社会科技投入，改善县（市）科技基础设施和服务能力建设"的指导思想，有效提高了试点县（市）的科技创新能力。

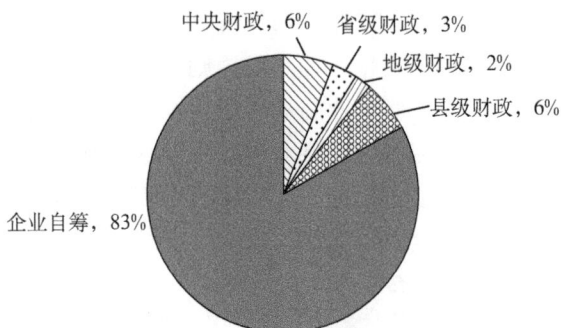

图 6-3　专项行动经费投入情况

数据来源:《科技富民强县专项行动计划年度执行情况报告 2007》。

（1）促进了县域特色产业创新，增强了企业的核心竞争力

各试点县（市）围绕当地的特色产业，积极开展县域特色产业创新活动，建立了由政府主导，研究机构、推广中心、广大农户、企业和其他中介机构广泛参与的特色产业创新网络，健全了新技术成果选择、导入、本地化、示范、推广和产业化经营的科技成果转化和增值机制，形成了一套县域农业特色产业创新的新模式，有力地促进了县域农业特色产业技术升级，增强了县域农业特色产业的竞争力，向着民富县强的目标迈出了坚实的一步。2007年，全国 398 个试点县（市）企业共有新产品 4815 项，申请专利 4268 项，授权专利 3206 项。平均每个试点县（市）企业新产品数 12.1 项、申请专利 10.7 项、授权专利 8.1 项（图 6-4、图 6-5）。

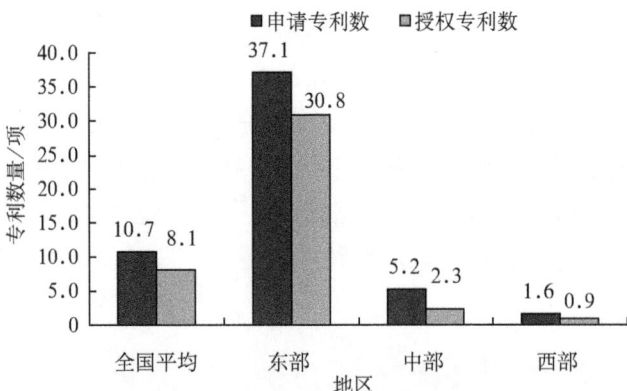

图 6-4　2007 年试点县（市）企业申请专利、授权专利情况

数据来源:《科技富民强县专项行动计划年度执行情况报告 2007》。

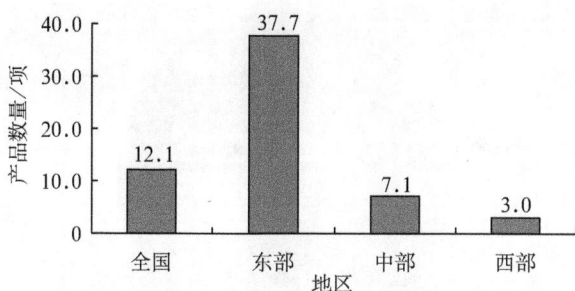

图 6-5　2007 年试点县（市）企业新产品情况

数据来源：《科技富民强县专项行动计划年度执行情况报告 2007》。

（2）建设了一批技术平台，推广了一批先进适用技术成果

各试点县（市）围绕县域特色支柱产业发展的科技需求，整合县域科技力量，合理配置县域内外科技资源，建设龙头企业研发机构或科技成果转化示范基地、网络信息系统和农民经济技术合作组织等技术平台，从信息、资金、技术、管理、人才等方面提供全方位服务，增强科技公共服务能力，提升科技支撑县域经济社会的能力。同时，各试点县（市）还通过与高等院校和科研院所合作，引进、转化、推广和应用了一大批先进适用技术成果。截至 2007 年年底，全国 398 个试点县（市）共组建技术平台 7762 个，引进先进适用技术成果 2742 项（图 6-6 至图 6-8）。

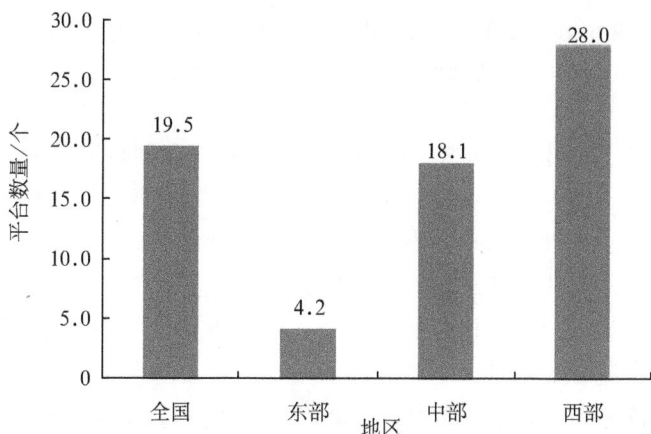

图 6-6　2007 年试点县（市）建设科技服务平台情况

数据来源：《科技富民强县专项行动计划年度执行情况报告 2007》。

125

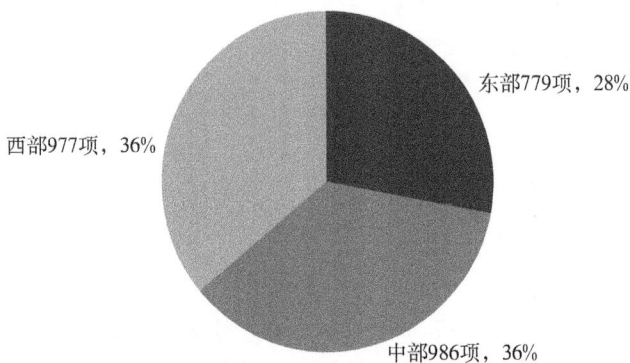

东部779项，28%
西部977项，36%
中部986项，36%

图 6-7　2007 年试点县（市）技术引进情况

数据来源：《科技富民强县专项行动计划年度执行情况报告 2007》。

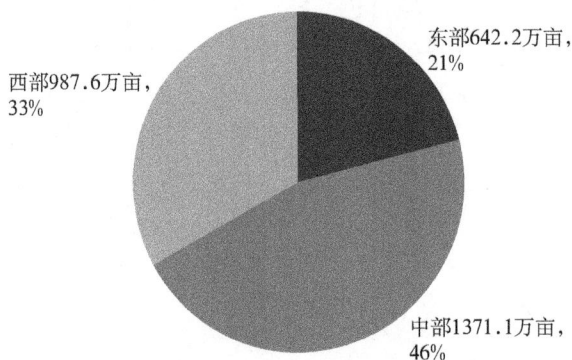

东部642.2万亩，21%
西部987.6万亩，33%
中部1371.1万亩，46%

图 6-8　2007 年试点县（市）新技术推广面积情况

数据来源：《科技富民强县专项行动计划年度执行情况报告 2007》。

（3）引进了一批急需人才，提升了县域特色产业创新实力

各试点县（市）在专项行动实施过程中，针对产业发展中的人才瓶颈问题，及时引进了一批高水平、当地急需的农技研究和推广人员。他们带来了一批先进适用的农业科技成果，与当地的农技人员一道，围绕县域特色产业发展的重点、难点问题，积极展开攻关，有效地突破了一批制约县域特色产业发展的技术瓶颈。同时，培养锻炼了一支留得住的当地科技队伍，极大地增强了县域特色产业的创新能力。截至 2007 年 12 月，全国 398 个试点县（市）共引进人才 8942 人，平均每个试点县（市）引进人才 22 人（图 6-9）；技术服务收入 5.81 亿元，平均每个试点县（市）技术服务 146 万元（图 6-10）。

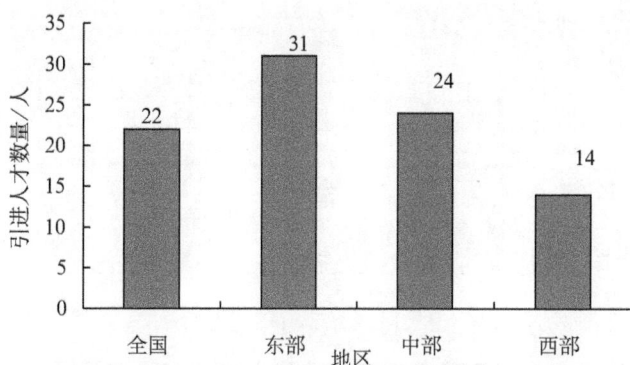

图 6-9　2007 年试点县（市）引进人才情况

数据来源：《科技富民强县专项行动计划年度执行情况报告 2007》。

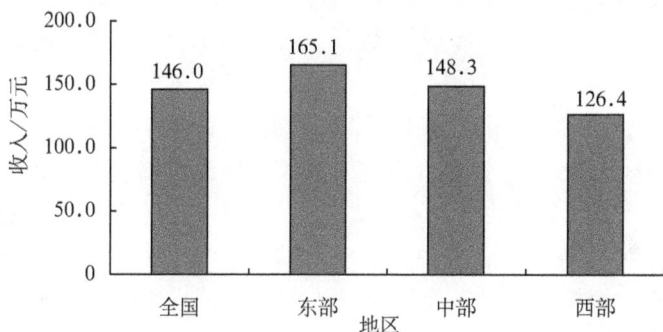

图 6-10　2007 年试点县（市）技术服务收入情况

数据来源：《科技富民强县专项行动计划年度执行情况报告 2007》。

（4）培养了一批现代农民，造就了一批乡土人才

农民是专项行动试点工作的参与者和受益者。农民的科技素质和技能、乡土技术人才的质量和数量是专项行动试点工作取得预期成效的基础和重要条件。为此，各试点县（市）围绕试点工作的实施，聘请高等院校和科研院所的科技专家与本地技术人员相结合，采取现场教学、举办培训班、技术咨询、巡回指导、科技板报等多种形式，开展了多层次的面向广大农民的实用技术培训和面向企业员工的技能培训，提高了他们的科技素质和劳动技能，造就了一大批农村致富带头人和地方急需的乡土人才。截至 2007 年年底，全国 398 个试点县（市）共培训农民和各类乡土技术人员超过 800 万人次，平均每个试点县（市）培训 20 681 人次（图 6-11）。

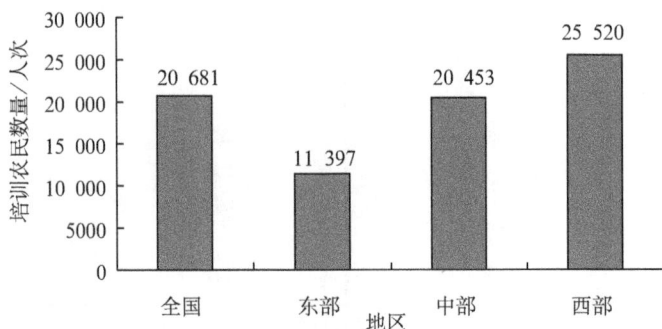

图 6-11　2007 年试点县（市）培训农民数量情况

数据来源：《科技富民强县专项行动计划年度执行情况报告 2007》。

（5）创造了一批鲜活模式，创新了县（市）科技工作机制

在专项行动实施过程中，大多数试点县（市）在试点工作中，结合了专家大院、科技特派员、农业科技集市等技术服务模式，对试点工作的顺利开展起到了良好的支撑作用。2007 年，各地继续坚持、推广和强化了这一做法，取得了很好的效果，探索和深化了我国现阶段县域科技工作的新模式。截至 2007 年年底，全国共有 314 个试点县（市）在试点工作中结合了专家大院这一先进技术服务模式，共聘请专家 4854 人，平均每个试点县（市）聘请专家 15.46 人；全国共有 306 个试点县（市）在试点工作中结合了科技特派员这一先进技术服务模式，共有科技特派员 10 703 人参与了试点工作，平均每个试点县（市）34.98 人（图 6-12）。

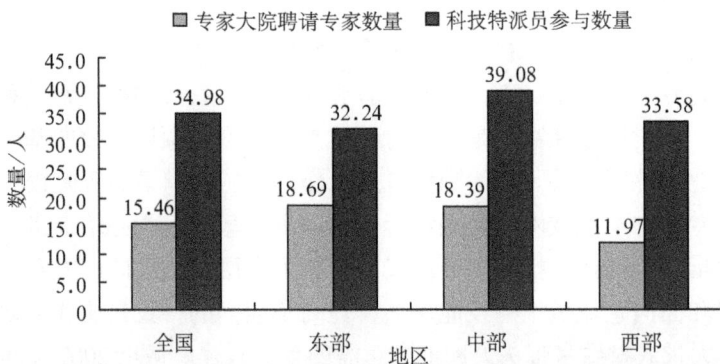

图 6-12　2007 年试点县（市）专家大院和科技特派员参与行动情况

数据来源：《科技富民强县专项行动计划年度执行情况报告 2007》。

6.1.3 专项行动试点县（市）的经济发展成效

各试点县（市）立足本地资源特色和优势，围绕发展县域特色支柱产业过程中的技术瓶颈问题，依靠科技进步，通过延长产业链、发展龙头企业和提高产品科技含量和附加值等有效途径，整合县域内外科技资源，以财政投入和政策扶持为引导，建立多元化的投入体系，推动和促进先进适用技术成果的产业化，培育、壮大了一批具有较强区域带动性的特色支柱产业，有效地提高了科技对县域经济、社会发展的支撑和引领作用。

（1）加快了县域特色产业发展

在专项行动的支持下，全国各个试点县（市）特色产业发展迅速。2007年，全国398个试点县（市）特色产业总产值2826.38亿元，农产品深加工出口创汇11.55亿美元，标准化、无公害、有机或绿色农产品销售收入1074.69亿元。平均每个试点县（市）特色产业总产值7.1亿元，农产品深加工出口创汇290万美元，标准化、无公害、有机或绿色农产品销售收入2.7亿元（图6-13、图6-14）。

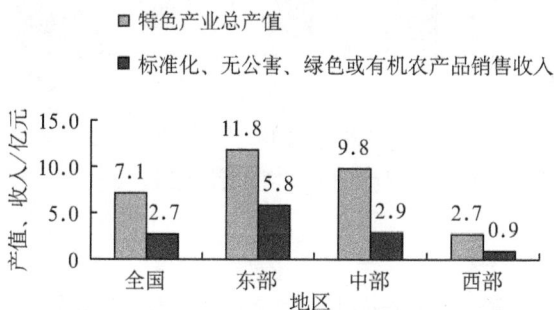

图 6-13　2007 年试点县（市）特色产业总产值与标准化、
无公害、有机或绿色农产品销售收入情况

数据来源：《科技富民强县专项行动计划年度执行情况报告 2007》。

（2）促进了县（市）财政增收

各个试点县（市）通过扶持龙头企业并带动中小企业发展，提高了产业科技水平和产品附加值，增强了县级财政实力。仅 2007 年，全国 398 个试点县（市）就实现财政增收总额超过 100 亿元，平均每个试点县（市）财政增收 2576.3 万元（图 6-15）。

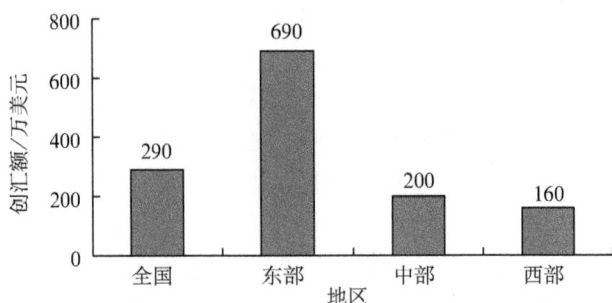

图 6-14　2007 年试点县（市）农产品深加工出口创汇额情况

数据来源：《科技富民强县专项行动计划年度执行情况报告 2007》。

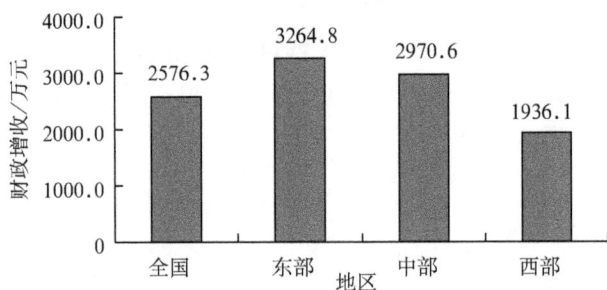

图 6-15　2007 年试点县（市）财政增收情况

数据来源：《科技富民强县专项行动计划年度执行情况报告 2007》。

（3）促进了农民增收

专项行动采取建立应用示范基地，健全基层技术服务平台和发展龙头企业等有效方式，吸引当地和周边农民积极参与试点项目实施，显著地提高了农民收入。截至 2007 年年底，全国 398 个试点县（市）参与试点工作的农民总数达到 2428.8 万人，人均增收 553.6 元（图 6-16）。

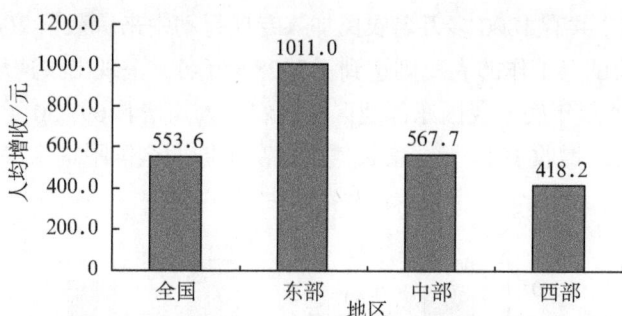

图 6-16　2007 年试点县（市）农民人均增收情况

数据来源：《科技富民强县专项行动计划年度执行情况报告 2007》。

（4）提供了更多的就业机会

通过试点工作的开展，受到扶持的龙头企业和中小企业在不断壮大的同时，吸收了大量农村剩余劳动力。截至 2007 年年底，全国 398 个试点县（市）实现新增就业超过 189.71 万人，平均每个县（市）新增就业 4766 人（图 6-17）。

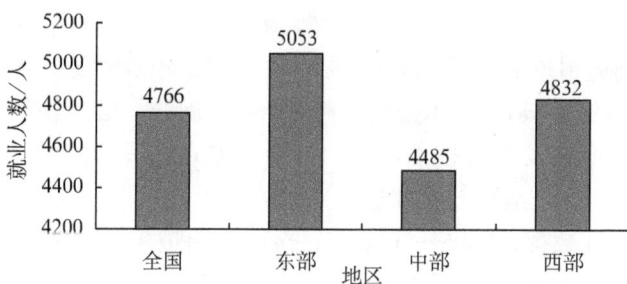

图 6-17　2007 年试点县（市）新增就业情况

数据来源：《科技富民强县专项行动计划年度执行情况报告 2007》。

6.1.4　专项行动试点工作近年来的发展特点

专项行动试点工作自 2005 年实施以来，取得了显著的成效，同时也表现出自身发展的特点。通过数据统计对比分析可以发现，其在以下 3 个方面呈现出明显加快发展的趋势。

（1）参与农民人数快速增加，东部地区农民增收速度明显高于全国平均水平

试点工作实施 3 年内，由于实施效果逐渐显现，吸引了越来越多的农民加入专项行动中来。根据科技部农村中心的统计数据，2005—2006 年，223

个试点县（市）共有 1800 多万名农民加入专项行动中来；截至 2007 年年底，参与专项行动试点工作的农民则达到了 2428.8 万名，呈现出快速增长的态势。

截至 2006 年年底，我国东部地区实现农民人均增收 697.30 元；2007 年，则实现农民人均增收 1011 元，增长速度远高于同期全国平均水平（图 6-18）。

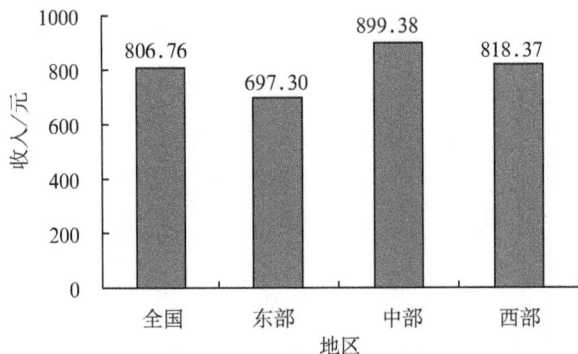

图 6-18　2005—2006 年试点县（市）农民人均增收情况

数据来源：《科技富民强县专项行动计划年度执行情况报告 2005—2006》。

（2）先进适用技术引进力度不断加大，年引进项数明显提高

适合当地的先进适用技术是县域特色产业发展的关键，各个试点县（市）针对本地特色产业发展的技术瓶颈，不断引进先进适用技术及相关配套技术，且加快利用先进适用技术改造、升级县域特色产业的步伐。根据科技部农村中心的统计数据，2005—2006 年，全国共引进先进适用技术 1474 项；2007 年则达到了 2742 项（图 6-19）。

（3）农民培训工作不断加强，年培训人次明显增多

专项行动实施以来，各试点县（市）以试点工作为载体，不断加强农村人才资源开发，开展了针对性较强的各类科技培训工作，有效地提高了村社干部、骨干农民和青年农民的科技文化素质，增强了基层干部、农村党员、有志农业的青年农民等带动增收致富的能力，产生了较好的经济和社会效益。根据科技部农村中心的统计数据，2005—2006 年，各试点县（市）共培训农民和各类乡土技术人员近 300 万人次；2007 年，培训人数则超过了 800 万人次（图 6-20）。各试点县（市）通过不断加强培训工作，为专项行动试点工作的开展提供了强有力的人才支撑。

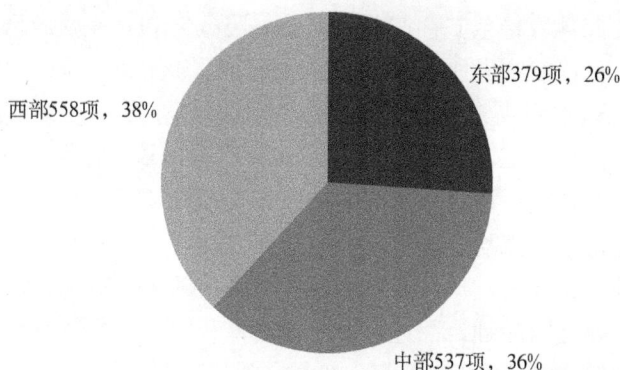

西部558项，38%
东部379项，26%
中部537项，36%

图 6-19 2005—2006 年试点县（市）技术引进情况

数据来源：《科技富民强县专项行动计划年度执行情况报告 2005—2006》。

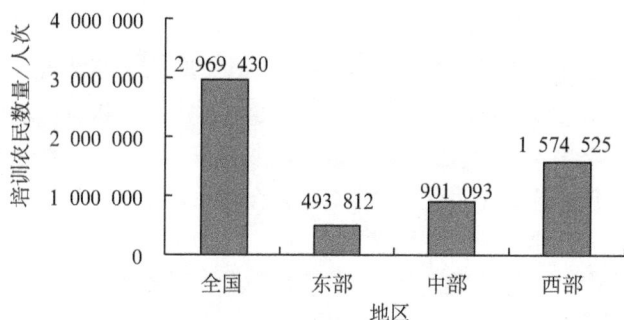

图 6-20 2005—2006 年试点县（市）培训农民数量情况

数据来源：《科技富民强县专项行动计划年度执行情况报告 2005—2006》。

6.1.5 专项行动试点工作主要经验与做法

（1）科技优先是发展县域特色产业和县域经济的有效途径

原国务委员陈至立于 2004 年指出，统筹城乡发展，解决"三农问题"，有赖于科学技术对传统农业的改造，有赖于建立现代意义上的农业生产与经营体系，有赖于千百万农民群众科技素质的不断提高。专项行动以实施重点科技项目为载体，通过引进先进适用技术成果，建立健全科技服务体系，开展有针对性的农民技术培训，培育科技型特色支柱产业等措施，充分发挥科

技在培育和壮大县域特色支柱产业，带动农民致富和县乡财政增收中的引领和支撑作用，有效激发了县（市）经济社会发展的活力。

例如，山东省青岛市莱西市（2005 年立项）在专项行动实施中，通过引进新品种，开发加工新技术、新设备和新工艺，突出应用高新技术提升花生产业，延长产业链，取得了实效。一是结合当地实际，从山东省花生研究所、青岛农业大学、潍坊农业科学院、山东农业大学等单位引进了一批高蛋白花生新品种。在开展对比试验和示范种植的基础上，筛选确定了"鲁花 10号"等 5 个主导当家品种，并进行了良种繁育和推广。2005 年繁育花生良种61 万千克，推广种植面积 12 万亩；2006 年繁育花生良种 81 万千克，推广种植 16 万多亩。二是加强自主创新，加快花生产业加工技术与设备高新化。由青岛东生集团股份有限公司自主开发的花生制品生产技术及设备，其技术水平达到了国际先进水平。截至 2006 年 12 月，共申报国家专利 4 项，获批准2 项。

通过引进良种和自主研发加工技术与装备，莱西市花生产业取得了长足发展。一是依托高新技术提高了当地花生种植业的技术水平和生产效益。据统计，2006 年，全市 29 万多亩花生，良种覆盖率达到 100%，总产量 11.3 万吨，平均每亩增产 51.2 千克，亩增加农民收入 230 元，共计 6670 万元。二是延长了当地花生产业链。据统计，2006 年全市累计加工销售花生及其制品15 万吨，实现销售收入近 10 亿元，创利税 7360 多万元，出口创汇 3000 多万美元。三是增加了劳动就业机会，提高了城乡居民的收入。据统计，2006年全市花生企业新增劳动就业岗位 2700 余个，农民增加收入近 3000 万元。

（2）国家和地方各级政府的高度重视与大力支持是专项行动取得优异成绩的根本保障

科技部于 2004 年 10 月召开了全国县（市）科技工作会议。会后，科技部、财政部联合制定了《"科技富民强县专项行动计划"实施方案（试行）》《科技富民强县专项行动计划资金管理暂行办法》。此外，各级地方政府也先后制定了相关配套政策，为专项行动的顺利持续开展提供了有力的制度保障。在经费方面，国家在 2005—2007 年分别支持 1 亿元、2 亿元和 3 亿元，同时吸引了各级地方政府配套资金 11.4 亿元。2007 年"中央一号"文件则进一步明确提出"增大国家富民强县科技专项资金规模，提高基层农业科技成果转化能力"。这些政策为专项行动试点工作提供了基本保障。

例如，重庆市大足县（2007年立项）在"大足五金产业振兴关键技术集成示范及创新服务体系建设"项目实施中，注重加强领导，保障项目顺利实施。在组织领导方面，该县实行由县长亲自挂帅，相关县级领导协助具体抓，人大、政协实施监督和支持，各部门协调配合、齐抓共管的机制，使该项工作真正成为大足县的"一把手"工程。县委、县政府还专门成立了由县政府分管科技副县长任主任，县科委负责人兼任常务副主任的大足县五金产业发展办公室，作为县政府管理、服务和统筹协调五金工作的办事机构。在政策制定方面，大足县先后出台了《关于加快实施科教兴县战略的决定》等7项政策性文件，不断优化科技发展环境。在投入保障方面，大足县政府严格执行《重庆市科技投入条例》，已初步建立起以政府投入为引导，企业投入为主体，社会投入为补充的科技投入体系。在大足县委、县政府高度重视和支持下，五金产业对县域经济的支撑作用显著增强。据统计，截至2007年年底，全县五金产业实现总产值61亿元，同比增长29.8%；实现利税4.5亿元，同比增长19%，实现了财政增收总额超过2300万元，新增就业2000余人，农民人均增收230元（按五金从业人员10万人计算）。

（3）部门配合、整合资源是专项行动稳定发展的前提

专项行动试点工作是一项涉及试点县（市）科技部门、财政部门、产业部门等多部门主体参与，科技资源、土地资源和资金等多资源集成，技术成果引进、转化与推广和科技培训等多环节衔接的复杂系统工程。各试点县（市）由试点县（市）党政主要领导挂帅，由科技、财政、农业、经贸等相关部门共同参与。科技部门、财政部门具体负责试点任务的计划、组织和管理，并整合县域内外资源和协调其他成员部门的任务和进度等形成合力，共同推进专项行动实施。专项行动打破了以往各部门之间相互分割的局面，通过整合资源保证了试点工作稳定发展。

例如，四川省乐山市犍为县（2005年立项）在"竹浆纸产业化示范"项目实施中，积极推动有关企业和部门共同整合优势资源，确保了专项行动试点工作取得实效。在政府部门协同方面，该县成立了由相关单位组成的"科技富民强县工作领导小组"，统一协调，实行目标管理责任制，将交通、水利、农机等项目向竹浆纸产业化示范基地建设地区倾斜，使原来分散的行政资源得到有效的整合，实现了有限行政资源的效益最大化。通过试点工作的开展，原本分属不同领导的部门密切协调，拧成一股绳，使竹浆纸产业不断

做大、做强，成为带动本县及周边县区农村经济发展的重要支柱产业。对试点工作取得成效起到了重要作用。据统计，2007年全县已建成的杂交竹基地面积居四川省第1位，竹农人均增收740元，较项目实施前增长37.8%。同时，县财政本级收入增长138.4%。

（4）坚持机制与体制创新是专项行动取得优异成绩的关键

专项行动创新投入机制，实行以财政投入为引导，吸引社会各方积极参与。通过中央、地方和试点县（市）财政资金的前期引导和后期奖励，调动社会各方参与实施专项行动的积极性，有力保证了专项行动的资金投入。同时，专项行动创新县（市）基层科技服务工作机制，通过实施重点科技项目，引导高等学校、科研院所和高新技术企业对试点县（市）开展多种形式的科技合作，实现科技资源和科技人才跨地区、跨行业的流动，并按照市场经济规律优化配置和重新组合技术平台，形成科技人员服务"三农"的农业科技专家大院、科技特派员、农村专业协会等多种成功经验和模式的集成，大大提升了县（市）科技服务能力。

例如，广西壮族自治区兴安县（2005年立项）在罗汉果生产上具有得天独厚的优势。但长期以来，由于科技、资金等投入不足，致使罗汉果产业发展缓慢。兴安县在"罗汉果产业化开发与示范"项目实施中，着力建立以财政投入为引导、社会各方积极参与的多元化投入机制，有效地解决了罗汉果产业发展的科技、资金不足的瓶颈。在国家投入的基础上，该县财政每年安排专项行动实施经费100万元。同时县委、县政府积极完善相关政策，形成了以财政投入为引导、企业投入为主体、金融部门和农民等积极参与的多元化投入机制，取得了可喜成效。据统计，截至2006年，该县在罗汉果产业上共投入资金7329万元。其中，政府财政投入7.13%，企业投入65.58%，农民投入27.29%。

（5）强化管理、落实责任是确保试点工作成功的必要手段

各试点县（市）的专项行动试点工作，是一个目标明确、任务具体、投入量化、步骤清晰、进度可控的整体设计的工程项目。客观上要求，要以系统的观点来谋划，以工程的方法来实施，必须明确相关部门和实施单位的目标和责任，建立考核和奖惩制度。各试点县（市）的实践表明，重视和加强专项行动试点工作管理，建立明晰的目标责任制，是保障专项行动试点工作成功的重要法宝。

例如，山西省万荣县（2005 年立项）为保证试点工作取得预期效果，高度重视和加强试点工作管理，取得了良好成效。该县注重实行试点工作目标责任制，将试点工作任务分类细化到各成员单位，逐一签订目标责任书，并实行县委、县政府主要领导包建重点工程和包建精品工程的制度。同时，加强绩效考核和监督，实行年终考核和一票否决制。通过扎实有效的管理，确保了专项行动试点工作的各项任务落到实处，使各项工作得到圆满完成。

（6）建设本地化技术开发平台是当前培育和壮大县域特色产业的重要举措

各试点县（市）的实践表明，县域农业本地化技术开发平台是实现农业新技术成果本地化开发的场所和条件保证。建立健全县域农业本地化开发平台是县域特色产业农业新技术成果从选择、导入到本地化开发、示范、推广等的复杂系列工程和条件，包括农业技术研发设施条件、稳定的农业新技术本地化适宜性开发人才队伍、农业产业科技发展规划与有关制度体系等。加强农业本地化技术开发平台建设，是发展现代农业，发展县域特色产业的重中之重。各试点县（市）应当针对当地特色支柱产业发展，集成县域内外的科技资源，着力建设和完善本地化技术开发平台，科学解决引进的新技术成果本地适用性等问题，同时培养、造就本地专业技术人才队伍，从而为本地特色支柱产业发展提供更加有效的科技支撑。

例如，河北省迁西县（2005 年立项）面对国内和国际市场的新变化，针对板栗产业品种杂、优种少、产业化水平低和高附加值产品少等问题，以迁西县燕山科学试验站、迁西县生产力促进中心为基础，建设了面积 2000 平方米的研发中心。该中心与中国农业科学院等 38 家大专院校、科研单位联系，采取提供实验室、场地和资金的方式，与之建立长期的科技合作关系，使迁西县成为板栗新技术试验基地和新品种的生产、示范基地，同时大力培养本地专业技术人才队伍，有效推动了本县板栗特色产业的发展。通过整合县域内外科技资源，着力建设和完善本地化技术开发平台，开发出以"截干切拉""矮密种植""植物驱虫"等为代表的本地化先进实用技术，为当地板栗产业发展提供了针对性强的提质增产技术。

（7）建设新技术成果示范推广基地，引导广大农民参与试点工作

各试点县（市）的实践表明，建设新技术成果示范推广基地，是使新技术成果的效益展现给广大农民，使农民眼见为实，消除农民的顾虑，吸引农民参与专项行动试点工作的重要措施。同时以示范推广基地为依托，先期对

当地的乡土人才和科技致富带头人进行培训，再通过他们的言传身教，进一步扩大新技术的影响，让更多农民了解新技术，建立应用新技术的信心，是在实践中行之有效的办法。

例如，内蒙古自治区克什克腾旗（2005年立项）在项目实施中，针对传统畜牧业中存在的畜产品生产周期长、单产低、品质差、商品率和经济效益不高等问题，着力开展示范基地建设，并取得了良好成效。该旗通过组建由旗家畜胚胎移植技术研究推广中心和由30家养殖大户组成的肉羊新品种养殖示范基地，积极引进、消化、转化肉羊新品种及养殖技术，成功试验并解决了肉羊的胚胎移植和胚胎冷冻、切割等关键技术。该中心与澳大利亚墨尔本大学、中国农业大学等单位建立了长期合作关系，在全旗共建设胚胎移植站10处，11个苏木乡镇共集中上站受体母羊17 000多只，涉及800多户农牧民，生产纯种肉用羔羊5200多只，年户均增收5000多元。

（8）注重乡土人才的培养，留下一支不走的科技队伍

在专项行动实施过程中，如何能留下一支不走的科技队伍，真正做到即便高校和院所的专家离开，但不影响新技术成果在当地推广和应用，是一个重大的问题。各试点县（市）的实践表明，加强科技培训工作，尤其是加强对乡土人才和采用新技术致富带头人的科技培训工作，是破解这一难题的关键。一支技术先进的乡土人才队伍培养起来了，才能为广大农民采用新技术提供最及时的技术服务。因此，培训农民，尤其是培养乡土人才，是专项行动试点工作当中一项十分重要的任务，关系到专项行动实施的成效大小和长远发展。

例如，广东省高州市（2005年立项）在项目实施中，针对本地水果产业中存在的传统耕作方式、片面追求高产量、新技术推广不力等问题，着力加强对果农，尤其是对当地乡土人才的新技术培训工作，并取得了良好成效。该市以星火培训学校、镇农技学校等为依托，对广大农民开展多种多样的技术培训活动，并结合科技、文化、卫生三下乡等活动开展了包括聘请专家教授到镇授课及咨询、发放科技资料、举办科技集市、巡回展览科技图片等活动，将农技知识送到基层。该县还在原有科技信息网络示范镇、村、户的基础上，大力推动科技信息网镇、村节点建设，形成覆盖全市的市、镇、村、户4级科技信息网络，并通过有关激励措施，建成了一支农村科技信息员队伍。此外，还通过设立农业科技信息服务机构，发挥各级农业技术人员和乡

土人才的作用，开展直接的信息咨询和现场服务，打通政府与农民之间、生产与市场之间的信息渠道，提高了水果附加值，增强了果品的市场竞争力。据统计，2007年，全市水果年增收超过4亿元。

（9）推进特色产业的产业化经营，帮助农民分享加工、流通环节的效益

长期以来，我国县域农业生产存在着小农户分散生产的现象，这是由于农户单个个体面对市场，其抗风险能力弱、开拓市场能力不强，导致很难从农产品的加工和流通环节获得应有的收益。各试点县（市）的实践表明，通过建立农民合作组织或通过深化公司加农户机制，把农户组织起来，使其能够参与农产品的加工和流通活动，并在其中获得应有的利益。各试点县（市）从本县的特色产业发展实际出发，采取多种形式，推动农业技术创新、组织创新和市场创新相结合，让普通农户更多地分享农业科技成果产业化经营的成果。

例如，厦门市同安区（2007年立项）在"无公害猪肉产业链安全生产的综合示范"项目实施中，以农业产业化国家重点龙头企业——厦门银祥集团有限公司为载体，通过建立"从田头到餐桌"的猪肉产业体系和猪肉食品产业链内部的利益补偿机制，让农民分享到延长产业链各个环节和提高产业化经营水平带来的利润。龙头企业一头连接着猪肉销售市场，另一头连接着养殖基地和养殖户。通过以经济利益相联结、以合同契约为纽带的机制，把分散的养殖户与龙头企业紧密连接在一起。龙头企业向养殖户主动提供信息、科技、资金、物资等，把生产、加工、销售几个方面有序地融合为一体，实现了生产规模的不断扩大，也为建立科技社会化服务体系提供了内在动力和必要条件。由于养猪业产业化体系把龙头企业和养殖户的利益紧密结合起来，形成了利益共享、风险共担的经济共同体，以统一的市场主体进入国内外市场，从而大大降低了农民的风险，增加了农民的收益。

6.2　县域农业特色产业创新政策建议

从专项行动试点县（市）实施的情况来看，在我国大部分县域，特色产业创新活动不尽相同，新技术成果转化存在的困境也各式各样，各县也因地制宜地提出了各具特色的突破路径，相应地，其特色产业创新活动特点也有所不同，比如有的县域经济落后缺少资金，其特色产业创新活动重点在于解

决各级政府投入、引导实施主体融资的多元投资机制建立；有的缺乏新技术示范场所，其特色产业创新活动重点在于解决新技术示范基地的建设和创新平台的搭建；等等。从第四章和第五章的分析也可以证明这一点，各地政府推动与市场相结合，呈现出了一批成功的做法和经验。但面临大经济环境下的激烈竞争和国家现代农业发展的战略需要，我国县域农业特色产业的发展仍有很多路要走，仍有很多困境需要突破。

建立健全我国县域农业特色产业创新体系的目的，是使县域农业特色产业持续地又好又快发展；使县域农业特色产业新技术成果转化的多重困境得到有效的解决；使新技术成果顺利的导入、本地化开发、示范、推广和产业化经营，新技术价值得到增值；使产业技术水平提高并在本地形成积累。健全县域农业特色产业创新体系的途径就是突破农业新技术成果转化的多重困境。

因此，本书对我国的县域农业特色产业创新实践活动提出如下建议。

（1）加强政府作为我国县域农业特色产业创新主体的作用，发挥政府科技投入、成果导入和本地化开发、推广管理中的核心作用

县域农业特色产业创新活动的一个重要特征就是政府主导性。因此，县域农业特色产业发展的资金筹集必须以政府财政为主，资源整合机制必须由政府主导。我国大部分县（市）为经济发展相对落后，以农业为主导产业的县（市）。农业生产基础薄弱，自我积累能力低，其基础性与天然弱质性决定了其发展需要大量的资本。农业生产产生效益慢且受益多为分散的广大农户，组织程度低，农户又是抗风险能力低的小群体，这就意味着县域农业特色产业的发展必须要形成一套以政府财政为主的投融资机制，由政府主导的资源整合机制。调研的几个县（市）试点资金投入方面都以政府财政为主，建立了政府主导的风险融资机制。在河北省迁西县，县政府规划板栗产业发展宏图，大力投入发展板栗产业，仅专项行动试点工作开展期间就投入国家、省、市、县四级政府财政拨款 740 万元，其中投入 240 万元用于引进和推广"919 品系""84-3 品系""大阪 49"3 个板栗品种，引进优种接穗 15 万支，为迁西板栗产业发展和升级提供了充足的种源；投入 250 万元建立无公害标准化生产试验示范基地、优种选育试验示范基地等；100 万元用于栗农培训；150 万元用于科技服务与技术开发。此外，县政府、县科技局和板栗协会等还在全县范围内联合广大农民、板栗加工企业共同集资，整合全县人

力、资金资源发展板栗产业，为迁西县板栗产业发展提供了保障。

（2）鼓励和调动广大农户、农民组织、技术部门和生产企业等行为主体积极参与，提高产业创新组织活力

多主体参与性是县域农业特色产业创新过程的一个重要特征。特色产业创新的成功，多重困境的有效突破单靠政府的作用是不够的，离不开各主体共同的参与，尤其是广大农户的积极参与。广大农户是特色产业的基石和根本，是产业创新实现的场所和载体。各农产品企业的积极参与是实现新技术成果价值增值的主要环节，也是提升产业技术能力的直接表现，实现财政收入的主要来源。各县内外技术部门是新技术成果的源泉和植入本地的主要力量，是新技术成果转化不可或缺的主体。县内各农业组织、科技协会、生产组织等承载着技术示范和推广的重要任务，承担了大量的农民培训任务，是新技术成果转化的"润滑剂"和"加油站"。县域农业特色产业创新过程的实现，新技术成果价值增值过程的实现，多重困境的突破离不开众多行为主体的积极参与，它们共同构成了县域农业特色产业创新活动的主体。因此，一是应该采取措施加大对农民科技素质的培训力度和广度，使广大农民认识到科技的重要性，认识到新技术成果能提高生产率，能提高自身切实收入。依靠新技术成果示范让农民尝到科技致富的甜头，使广大农民有依靠科技发展特色产业、依靠科技发展农业生产的意识，自觉接受新技术成果，积极支持科技成果推广工作，主动学习新技术。二是应由县政府出资鼓励，县里技术开发部门牵头与县域外特色产业技术相关的大院大所联系，吸引优秀的技术专家来县里开展科研合作和新技术开发指导，搜寻合适新技术成果并导入本地。在此，广大农民组织和科技协会机构要充分发挥宣传和机构影响的优势，一方面宣传新技术的特点；另一方面对广大素质不高的农民进行帮带和培训。三是应由政府制定相应政策，吸引各生产企业积极投入新技术成果产业化经营中，充分发挥企业生产规模经济的优势，与广大农户建立合作联系，实现新技术价值增值。

（3）加强我国县域农业特色产业各种创新平台的建设，为新技术成果本地化开发、示范、推广提供支撑和载体

由于县域农业特色产业的特殊性、广泛性和公共性，县域农业特色产业科技创新平台大致包括技术研发平台、信息服务平台、技术培训体系、产品加工政策平台、基础设施平台。试点县（市）特色产业经过发展，各个平台

都基本搭建，但平台的功能存在一定程度的缺失，不能满足特色产业发展的需要，特别是产品加工政策平台，多数县（市）产品加工政策模糊、操作性不强，或者缺乏相应的产品加工政策，致使多年来县域农业特色产业的农产品以低价格简单输出到县域外，广大农户始终处于价值链底端。在现实困境的压力下，我国应结合县域农业特色产业的发展，致力于加强县域农业特色产业各种创新平台的建设。

在今后实施专项行动，一要进一步加强对县域农业特色支柱产业技术研发平台和技术培训体系的建设，加强对基层专业技术人才队伍培养的支持。搭建完整系统的技术培训体系，将理论与实践相结合，强化激励作用机制。既要挖掘潜在技术人员，不断壮大科技队伍，又要吸收世界先进农业科技发展，丰富科技交流，以提高县域农业特色支柱产业新技术成果本地化开发试验的能力。二要进一步加大基础设施建设和信息服务平台，加强各县示范基地基础设施和配套建设，为新技术示范提供载体支撑。以适应特色农业产业化经营需要，为产业链提供集成服务的基础设施和信息服务平台大量出现。这些平台整合技术、物流、政策等信息资源，为产业链参与者和利益相关者提供专业化、规模化、配套化的服务支撑。此外，在共享经济和"互联网+"的发展趋势下，基于商业模式创新发展起来的电商服务平台，支撑农产品定制化消费、农家乐采摘等体验式消费等，不断拓展特色农业服务创新平台建设和拓展特色农业发展业务。三要完善以政府为主导的产品加工政策平台的建设，延长农业产业价值链。依托"科技扶贫""精准扶贫"等政策，支持对口县域农业发展，尤其是对于受交通不便等自然条件限制发展的区域。另外，要建立健全应急机制，面对自然灾害等不可抗因素时，最大限度保障农产品和农户利益。

（4）引导金融、保险等其他相关部门为我国县域农业特色产业创新服务，形成新技术成果转化长效机制

科技成果的应用和转化是一项复杂的系统工程，既涉及政府、科研部门、企业、农户这些直接参与的创新主体，还涉及金融、财税、保险等众多实施利益保障的相关群体，其共同组成了一个相互关联的系统。科技成果的应用和转化需要系统内各类互补性资源发挥合力，协同发展，才会发挥最大的效力。

我国大部分县域农业特色产业主要集中于种植业和养殖业，生产周期

长，前期投入大，导致产业技术创新风险较大，需要保险公司等部门提供保障，降低企业、农民对技术创新带来的风险损益的担忧，提高农民采用新技术的积极性，增强新技术成果转化的效果。例如，河北省平泉县，在面临食用菌菇前期投入大、生产工艺复杂、环境要求高等特征时，为有效分散风险，保障农民利益，平泉县专项行动协调领导小组，广泛联系各保险公司，在一定范围内提供优惠政策，引导其为食用菌生产承保。同时，每年从县本级财政中列支一定的资金，对菇农投保进行补贴。这一做法既保护了保险公司的利益，带动其积极参与到专项行动中来，促进了产业发展保障体系的完善，同时，又解除了广大菇农的后顾之忧，坚定了他们采用新品种、应用新技术的信心。专项行动试点工作调动各市场要素，提高广大农民素质，解决了农民采用新技术的困境，也充分证明了这一点。

对此，需要政府采取一定推广策略和措施，充分调动金融、保险等社会各市场要素，采取措施建立新产品推广的长效机制，实现各主体共赢的局面。一要通过国家政策引导，充分发挥财政资金的杠杆和引导作用，鼓励各金融机构根据自身特点开展惠农贷款业务，吸引和带动信贷资金支持农村经济发展。通过政策帮扶指导下国有粮食企业与金融机构的紧密合作，加强多种金融力量的融合，发展援助贷款，满足农村多层次的金融需求，达到稳定农民收入，提高农民种粮积极性的目的。二要建立政府引导、政策支持、市场运作的政策性农业保险制度，进一步扩大作物、牲畜、林木资源等农产品政策性保险覆盖面的同时，积极推进农业保险产品创新，开发出多种满足新型农业经营主体需求的保险产品，完善农业保险大灾风险分散机制，加强保险服务能力建设。

（5）营造县域农业特色产业创新良好的政策环境和氛围，为新技术成果转化保驾护航

创新的成功离不开有利的政策环境和创新氛围。县域农业特色产业多是农业产业，更是如此。

首先，在政策方面，要加强规划工作，由县域政府牵头，会同县科技局、发展改革委和农业管理部门，在县域经济的框架下制定特色产业科技发展规划。在规划指导下，发挥农业生产、农业管理和环境保护等政策工具作用。借助补贴支持和农业福利等政策支持，稳定农业生产，稳定农产品价值，提高农民收入等；依据特色农业优势，构建农产品营销体系，促进农业

生产与社会再生产的统一；完善农业保险、灾害救助和食品安全等管理机制，保障农业稳定生产发展和消费者权益；保护农业自然资源、重视农业耕种方式、保护农村生态景观，为农业发展提供环境支撑和保障。

其次，在营造氛围方面，专项行动的实施，改变了各试点县域特色产业农民传承了几代人的传统农业生产方式和方法，使他们树立了"依靠科技发家致富"的新理念，解决了县域农业科技成果转化工作中作为实施主体的农民缺乏科技意识的障碍，营造了依靠科技发展特色产业，达到增收致富的良好氛围。因此，要继续营造特色农业产业发展适宜的软环境，例如，建立政府投入为主、多部门多主体联合投资的多元融资机制；鼓励农业生产中的创新发明，鼓励企业和农户合作，采取优惠税收政策等鼓励农产品加工企业发展，奖励农户、技术部门和生产加工企业在特色产业技术领域内进行专利申请；发展各种教育机构，提供产业发展所需要的培训。此外，各县域要从适应国内外市场对特色产业农产品标准化、无公害、有机、绿色的需求出发，因地制宜地引进、消化、吸收并示范、推广新品种、新技术，实现县域农业特色产业的技术升级，并通过培育、扶持龙头企业和农业专业化合作组织，提高县域农业特色产业的产业化经营水平。

最后，科技成果能否转化为现实生产力，最终取决于农民、企业、专业合作社、种植大户及整个社会需求的拉动，他们作为农业科技成果的使用者和受惠者，只有充分挖掘出他们的力量，才能实现农业科技成果转化。在实施过程中，注重在新技术成果推广的全过程加强对广大农民和乡土人才的科技培训和科技服务，培养一大批"土专家""田秀才""科技致富带头人"；造就一大批"有文化、懂技术、会经营"的新型农民，并真正使他们提高科技素质，掌握先进适用技术，尝到科技增收致富的实惠。

（6）加强我国县域农业新技术成果转化的制度创新、组织变革，使之有效适应农业新技术成果转化，提升产业技术水平

"科学技术是第一生产力"，尤其是在当代社会，科学技术在社会生产中的作用不可忽视，在农业领域，如何将科学技术转化为生产力，是一个重要课题。中国自改革开放以来就制定了农业发展规划，1998年又发布实施了《中国农业科学技术政策》，2014年"中央一号"文件中也要求推进农业科技创新。有效地促进农业产业技术创新离不开制度创新，以及县域农业特色产业组织变革要先行。县域应进一步围绕农业新技术成果转化，实施制度创新，有步

骤地进行企业、农户组织、中介组织、研究组织的组织变革，使之更好地促进产业技术升级，使新技术成果价值得到持续、有效的增值。

县域农业特色产业的新技术成果转化过程变化、产业组织调整、产业链管理创新等都是伴随着产业新技术成果的导入、消化、吸收并转化成生产力发生而出现的，并产生了产业技术升级，而产业新技术成果的应用和技术升级恰恰是产业技术创新。因此，我国必须在大力支持农业创新的条件下，积极将农业创新科技推广到农业实践中来。进一步放活农产品市场流通体制，根据市场需求进行生产销售；积极培育资金、技术、生产资料、土地和劳动力等要素市场，使农业产业化所需要的各种生产要素能及时得到供给；创新农业教育科技体制，增加财政对农村教育的投入，重视农业人口素质的提高，增加对农业技术开发的投入，提高农产品的科技含量，加快产学研结合，鼓励大专院校、科研机构与龙头企业相结合，建立工程技术中心和科技开发实体，推进产品更新换代，提高企业生产能力，培育企业品牌，使农业产业化保持旺盛的生命力。

（7）继续加大实施科技富民强县专项行动的力度，及时总结有关经验进行推广

实践证明，科技富民强县专项行动计划的实施为我国目前发展农业产业，从根本上解决"三农问题"，提供了县域农业产业发展的好思路，壮大了产业经济，增加了县级财政和农民收入，解决了农民素质和就业问题，值得进一步推广和巩固。因此，要进一步加大对科技富民强县专项行动计划的人力、财力、技术、信息等资源的投入力度。各试点县域要立足于有限的经费及人力，结合当地的特色资源，形成具有一定规模的产业，带动农民增收和县域财政改善，使之发挥规模经济的效应。并加大投入对专项行动过程中出现的好的经验和好的案例进行挖掘提炼、研究和推广，从农民就业、环境保护等多方面产生良好社会效益。针对行动计划存在的问题，建立全面的立项评估标准、加大人才投入力度、完善投融资体系、加强过程监管、加强交流与合作、引入独立的第三方验收机构及建立合理规范的验收标准。此外，可以进一步拓宽专项计划实施县域调查范围，到更西部、更偏远的山区县域，在更实的层面对专项行动进行效益分析，并在更高的层面为专项计划的后续实施提供更具借鉴价值的参考意见。

6.3 本章小结

　　本章首先对专项行动试点工作实施 3 年来取得的成效进行了统计分析，展示了这一次县域农业特色产业创新活动的优异成绩，进而在对各地专项行动试点工作经验总结的基础上，提炼了专项行动试点工作取得优异成绩的 7 条重要经验。在此基础上，结合本书的研究，从政府推动与市场机制相结合和建立健全县域农业特色产业创新体系的角度，提出了相关政策建议。

第七章　新时期县域创新驱动发展调研与发现

7.1　新时期县域创新驱动发展理念

实施创新驱动发展战略，基础在县域，活力在县域，难点也在县域。2017 年 5 月 11 日，国务院办公厅发布了《关于县域创新驱动发展的若干意见》（国办发〔2017〕43 号），从国家层面部署推动县域创新驱动发展工作。长期以来，重大科技成果集中在国家层面，作为经济发展基础的县域，创新驱动力仍显不足。而这一意见的出台，将强化科技与县域经济社会发展有效对接，有利于破解县域创新中长期存在的问题，有利于打造县域发展新引擎、培育增长新动能。

7.1.1　发挥科技创新的引领作用

《关于县域创新驱动发展的若干意见》提出了新时期县域创新驱动的指导思想，重点发挥科技创新在县域供给侧结构性改革中的支撑引领作用，强化科技与县域经济社会发展有效对接，打通从科技强、产业强到经济社会发展强的通道。以建设创新型县（市）和创新型乡镇为抓手，深入推动大众创业、万众创新，整合优化县域创新创业资源，构建多层次、多元化县域创新创业格局，推动形成县域创新创业新热潮，以创业带动就业，培育新动能、发展新经济，促进实现县域创新驱动发展。

7.1.2　探索创新驱动模式，形成有效制度基础

《关于县域创新驱动发展的若干意见》明确了县域创新驱动发展的原则为"创新驱动、人才为先、需求导向、差异发展"，同时也明确了"到 2020年，县域创新驱动发展环境显著改善，创新驱动发展能力明显增强，全社会

科技投入进一步提高，公民科学素质整体提升，大众创业、万众创新的氛围更加浓厚，形成经济社会协调发展的新格局，为我国建成创新型国家奠定基础"的发展目标。

自改革开放以来，我国县域科技创新取得了长足进步，对县域经济社会发展的支撑作用显著增强，一批县域通过积极探索创新驱动发展模式，取得了令人瞩目的成绩，形成了很多优秀经验。例如，广东省持续大力推进"专业镇"模式，使之成为具有广东特色的区域农业产业集群发展载体，集聚了一大批传统产业和特色优势产业。2016 年广东省有 413 个专业镇，占广东省建制镇比例的 26.1%；GDP 总量达到 2.92 万亿元，占广东省 GDP 的 36.7%。

7.1.3 激发基层创新活力，引领产业转型升级

国务院在《关于县域创新驱动发展的若干意见》中部署了八大任务，首先提及"加快产业转型升级、培育壮大创新型企业"。八大任务对新时期县域科技创新工作提出了更高标准的要求，这既是对新形势下县域创新驱动发展的战略部署，又是对基层典型成功经验的总结提升。有利于发挥科技创新在县域供给侧结构性改革中的关键和引领性作用，有利于打造县域发展新引擎、培育增长新动能，有利于实现县域经济社会协调发展，有深刻的现实背景和重要意义。

我国今后通过集聚创新创业人才，支持培育创新型企业，建设创新型县(市)、创新型乡镇，抓好科技创新政策落地，集中力量破解基层创新难题，为基层带来活力，为发展注入新动能。例如，浙江省新昌县，2016 年研发经费占 GDP 比重达 4.45%，通过抓科技创新，既赢得了金山银山，也守住了绿水青山。经过 10 年努力，从一个污染大县转变为国家级生态县，跻身全国百强县。

7.1.4 坚持多元化发展思路，破解县域科技工作难点

县域是我国政治、经济和社会系统中的基本单元，是发展经济、保障民生、维护稳定的重要基础，更是我国实施创新驱动发展战略，建设创新型国家的重要战场。由于受自然地理条件、文化历史与传统、经济基础等诸多因素的影响，我国县域经济发展水平不均衡，县域创新资源要素集聚困难，一些县域的科技创新研发投入占 GDP 比例长期低于全国平均水平，难以吸引高

层次创新人才。由此导致科技创新工作难以支撑县域经济发展，科技部门得不到重视甚至被边缘化。

《关于县域创新驱动发展的若干意见》强调，基层科技工作必须牢固树立和贯彻落实新发展理念，强化科技与县域经济社会发展有效对接，以建设创新型县（市）和创新型乡镇为抓手，促进县域实现创新驱动发展。例如，江苏省为了更好地集聚创新创业人才，根据县域需求和基层实践，探索了"科技镇长团"模式并积极推进，将科技管理工作重心下移，把科技创新资源布局到乡镇。自2008年选派科技镇长团以来，江苏省已连续选派九批共4374名博士教授参加，覆盖全省102个县（市、区），有效促进了基层科技和产业融合。

7.2 湖南省、江西省县域农业创新驱动发展调研

为深入查找中部地区县域农业创新驱动发展存在的问题，听取基层意见建议，反映基层科技创新需求，挖掘典型，凝练经验，为推动县域农业创新驱动发展提供政策建议。2017年8月，笔者跟随科技部农村司"根在基层"县域创新驱动发展重大问题调研团，专程赴湖南省浏阳市、资兴市做了调研。2017年9月，笔者跟随科技部创新发展司的"根在基层"区域创新驱动发展态势调研团以国务院办公厅《关于县域创新驱动发展的若干意见》文件落实情况为主要调研对象，赴南昌、宜春、吉安、赣州等4地8个县（市、区）开展调研实践活动。

通过参观、访问、咨询、座谈、体验等形式，深入田间地头、部分工厂企业等，与农业产业相关科技管理人员、高校教师、科技研发人员、科技工作人员、技术创新人员等交流，详细了解县域农业创新驱动发展取得的成绩及面临的问题。

7.2.1 调研概况

"十二五"以来，两省认真贯彻党中央、国务院关于实施创新驱动发展战略的重大决策，深入推进县域科技创新，成效明显。两省多地县（市）党委、政府将科技创新作为转型发展的核心要素，积极探索富有中部特色和当地特点的有效做法，农业创新驱动发展环境显著改善，创新驱动发展能力明显增强，有力地推动了当地农业又好又快发展。

以江西省农村农业科技发展和科技扶贫情况为例，在袁州区西村镇江西星火油茶科技示范园，参观了星火菌业工厂、江西油茶文化博物馆和油茶树种植基地，就循环经济模式、发展现代农业与企业家进行了交流。在樟树市中洲乡中药种植基地、江枳壳种植基地、水蛭养殖基地、智能温控大棚，深入田间地头，与农民、农业企业家面对面交流，调研农业科技创新创业、农业技术推广、农业科技政策落实、精准扶贫等情况，了解农民企业家在科技创新中存在的实际困难；与阁山镇政府及相关企业座谈交流，了解创新生态、特色小镇建设情况。在井冈山市大井茶博园、井冈山茶厂，了解其引进江苏农村科技服务超市模式，为农民提供科技咨询服务，技术培训服务，新成果、新技术、新产品示范应用服务，信息查询服务，农产品信息发布服务，加快茶叶新技术推广、帮助农民提高收入的做法；在科技部挂职干部对口扶贫点茅坪乡神山村调研体验长期科技精准扶贫为当地百姓生活带来的巨大变化。

此外，在瑞金市参观中华苏维埃共和国科技史料陈列馆，对土地革命时期以来我国的科技发展历史、科技队伍建设进行了全方位的了解，对科技工作发展经济、服务战争、惠及民生、移风易俗做出的重要贡献有了深刻的认识。

7.2.2 县域创新驱动的主要亮点

中部地区县域在经济新常态下对发展路径大胆探索，为县域创新驱动发展树立了榜样，其实践亮点主要体现在以下几个方面。

（1）依托农业资源优势，整合科技创新力量

浏阳市围绕主导产业，推动跨区域、跨领域的技术应用协同创新，突破了一批核心技术，开发了一批重点农产品。例如，奇异健康实业依托特色植物资源优势，进行天然油脂加工和高效综合应用，将农产品精深加工做到极致，产品涵盖了食品、保健品、化妆品等领域，打造出"湘纯""奇异素""奇异美""葵哥"等众多品牌，并搭建星火科技"12396"科技助农直通车网络平台和手机短信平台，结合与现场技术培训服务，让实用技术"跑"得更快、更有针对性。井冈山市利用独特的自然资源和红色旅游资源，利用科技创新发展现代农业和服务业，带动了农民致富和产业发展。

（2）科技支撑和引领传统产业发展

浏阳市充分发挥科技在传统产业转型升级中的作用，农业生产效率显

著提高，健康食品、特色食品业加速发展，涌现出湘典、盐津铺子等知名食品企业。工业产业结构更趋优化，传统花炮产业披上绿色、环保、科技"新装"。例如，东信烟花以高科技纳米技术，研发出创新型烟火药，有效减少70%以上发射药物的使用，大大降低了烟雾和有害气体。

（3）高新技术产业助力农业科技创新发展

赣州市通过国家级高新区、国家工程技术研究中心、国家重点实验室、国家农业科技示范园区、国家可持续发展实验区、国家级研发平台、国家技术转移平台等建设，形成优势企业、科研单位共同参与的产学研合作共建载体的模式，有效提升了优势特色产业的核心竞争力，促进了高新技术产业和战略性新兴产业的快速发展，2016年高新技术产业增加值267.19亿元，是2011年的2.9倍。

（4）搭建科技创新载体助力县域农业产业发展

各地科技部门以新技术产业开发区、农业科技园区等科技创新创业载体建设为主要抓手，全力推进科技综合公共服务平台项目建设，大力发展科技企业孵化器，在带动地方产业转型升级和企业发展壮大的同时，有效地带动了县域经济快速发展。例如，井冈山市通过科技服务超市建设，有效、快速地推广了农业技术，带来了农民增产增收和相关产业发展。

（5）逐步探索综合性、精准科技扶贫模式

各地科技部门依靠科技力量引导产业发展，提高农民收入。例如，樟树市科技部门通过引进企业大规模种植示范的方式积极引导当地农民种植枳壳，帮助农民提高技术和管理水平，提高农民收入。井冈山市科技部门与江苏省科技厅结对帮扶，引进江苏农村科技服务超市模式，提高了农民的技术能力，给贫困农民增加了收入，也带动了当地茶产业发展；神山村借助科技精准扶贫，发展黄桃、茶叶、旅游等特色产业，完成从贫穷山村到美丽乡村的巨大变化。除此之外，井冈山市还充分发挥科技特派员、挂职干部的特长、优势，获取上级部门的人才、技术、资金等科技资源扶持，把精准扶贫和产业发展一起抓，创新服务形式，打造科技服务平台，使相关企业不断提升创新服务能力，支持特色产业发展，并带动相关产业快速发展。

（6）激发人才活力，营造良好创新氛围

第一，创新引才机制引进人才。浏阳市实施"5358"人才工程，每年安排上千万专项经费用于人才引进。宜春市为吸引更多本籍高端人才返乡就业创业，满足宜春市经济发展和企业人才需求，实施宜商商会建设和"宜商回

归"工程、"智力还乡"工程，专门出台了《关于支持宜商回乡创业发展的意见》《宜商回乡创业示范园项目优惠政策》等政策，吸引了众多在外人才回乡发展或介绍人才来宜春创业。第二，打造创新文化培养人才。资兴市率先实施"一户一产业工人"培养工程，坚持城乡统筹、职业教育和职业培训并举，实现培养一人、就业一人、致富一家。江西省也通过整合各类教育培训资源，调整优化专业设置，有针对性地培养各类专业人才，不断提升职业教育水平，为本地企业发展提供各层次的技术人才资源。

7.2.3 调研中发现的问题

总体上看，各地县域创新驱动发展工作有成绩、产业有特色、局部有亮点，出现了一些创新能力强的企业，但各地县域农业创新仍处于初级阶段，存在的问题也很突出，具体体现在以下几个方面。

（1）县域农业创新驱动发展不充分

以本次调研的几个县（市）情况为例：第一，在科技投入上，区域间差异大。浏阳市县域实力强劲，有条件大力度支持科技创新，而贫困县用于科技创新的经费有限。从创新领域看，农业领域的创新要远落后于工业领域。第二，创新主体数量和能力不足。例如，宜春市农业局下属科研所2个，有3个省级重点实验室，没有国家层面重点研发机构，科研机构数量和能力都不能满足宜春经济社会发展要求。

（2）县域农业科技管理力量弱化

湖南省县域科技管理机构撤并严重，截至2017年，123个县（市、区）仅保留了26个，而且在撤并后的科技管理部门中科技工作往往由一位分管科技的副局长及一位干部负责，人员力量和工作强度不对称，科技管理工作实施难度加大。江西省同样存在科技管理队伍弱化和缺位问题。江西省县域科技局只有50%是政府组成部门，有30%被撤并，20%变为政府直属机构。南昌市只有高新区保留了科技局，而农业特色产业发展缺乏专有管理部门，专业力量薄弱，农业科技人才队伍建设难以满足推动区县科技创新驱动的要求，严重弱化了科技创新对经济社会发展的支撑作用。

（3）县域创新环境未全面形成

多数农民对发展科技的认识还较弱，缺乏创新意识，缺乏农业生产一线科技人员。近年来，各地政府虽采取各项措施吸引外地高端科技人才，但仍不能完全满足经济社会发展要求。江西省创新型人才相对总量少，高端研发人才稀缺，人才结构不合理，在培养、引进、评价、激励人才和人才流动等方面，鼓励创新的人才政策落实还有待完善。宜春市科技人才严重缺乏，而且结构很不合理，专业技术人才主要集中在教学、科研和医疗卫生机构，农业生产一线科技人员很少；科技人员年龄老化问题突出，中青年专家很少，年龄断档、青黄不接的现象十分严重。

7.3　江西省兴国县集聚创新人才调研

2017—2018 年，笔者多次与"深入推进创新引领的政策优化研究"课题组成员，深入江西省赣州市下辖的有关县（市）调研。2018 年 2 月，笔者有幸参加了江西省兴国县政府召开的由返乡的兴国籍博士、县有关部门和企业负责人参加的座谈会，研讨在外地工作生活的兴国籍博士们如何为兴国发展贡献力量，并在该县开展了调研。

7.3.1　调研背景

兴国县地处赣南等原中央苏区腹地，是我国著名的将军县。党的十八大以来，党中央、国务院高度重视赣南等原中央苏区振兴发展工作。2017 年，在原中央苏区振兴五周年之际，习近平总书记、李克强总理对赣南等原中央苏区振兴发展工作做出了重要批示。江西省委常委会迅速召开（扩大）会议进行传达学习，研究提出了江西省的贯彻落实意见。2017 年以来，各有关中央单位、江西省和有关市（县）正在全面贯彻党的十九大精神，认真落实重要批示，深入推进赣南等原中央苏区振兴发展。

原中央苏区县域农业特色产业振兴，人才是关键。2012 年国务院出台的《关于支持赣南等原中央苏区振兴发展的若干意见》和 2013 年国务院办公厅印发的《中央国家机关及有关单位对口支援赣南等原中央苏区实施方案》都强调了人才的对口支援。赣州市在近年来立足产业特色，发挥比较优势，探索推进人才工作基础上，2017 年出台了《关于创新人才政策、推动人才发展体制机制改革的若干意见》，提出重点引进和培养 100 名（个）产业领军人才或团队等宏伟目标和系列新举措，努力为赣州积蓄振兴原中央苏区经济增长的新动能。

7.3.2 县域创新驱动发展的工作亮点

（1）凝聚共识，助力县域创新发展需求

兴国县尝试通过发展新型研发机构，凝聚在外工作的兴国籍博士服务兴国发展的做法，是该县人才工作的重要创新。在研讨会上，10余位春节返乡的兴国籍人才代表回顾了2017年东华理工大学副校长陈焕文教授倡议成立"兴国创新发展研究院"，引导全体兴国籍博士和科研人员为兴国发展服务以来，大家对筹建"兴国创新发展研究院"的建议和期望，介绍了各自的专业特长和为兴国发展服务的具体考虑，提出拟开展以下几个方面的工作：一是广泛联系兴国籍博士，具体了解他们的专业特长和服务意向；二是及时发布兴国县发展的需求和难题，促进兴国县各类企业和单位与兴国籍博士的业务对接；三是积极协助兴国籍博士和人才返乡创新创业。

兴国县委常委、常务副县长邹焕铁在总结讲话中就发挥"兴国创新发展研究院"的引领作用提出：一是要建立常态化制度化活动机制，有关部门要牵头搭建平台，制定符合实际需求的、接地气的、具体的计划方案；二是要发挥人才引进作用，要将兴国高层次人才视为珍贵的财富、宝库、资源；三是要密切协作，建立协调工作机制，支持"兴国创新发展研究院"发展。

（2）汇聚"乡贤"人才，夯实创新驱动发展基础

发展新型研发机构，凝聚乡贤人才，是原中央苏区县（市）推进创新驱动发展，破解人才短板难题的崭新的有益探索。《关于县域创新驱动发展的若干意见》指出，县域创新驱动发展是坚持人才为先的原则，并把集聚创新创业人才作为县域创新驱动发展的八项重点任务之一。

科技部副部长徐南平介绍《关于县域创新驱动发展的若干意见》时提出，判断创新型县（市），创新要成为第一条件，主要是看发展形态是不是把创新作为发展的核心，把人才作为发展的核心。这为县（市）科技局抓紧抓实创新创业人才工作指明了方向。破解原中央苏区县域的人才储备不足难题，归根到底需要依靠县域在实践中勇于创新。兴国县发展新型研发机构，凝聚乡贤人才的做法，正是兴国县以县科技局牵头破解这一难题的一个新的探索。"兴国创新发展研究院"受到广大兴国籍博士和人才的充分认可，开局良好。大家也一致认为"兴国创新发展研究院"的组建和发展，对于联络外地兴国籍人才，支持他们以个人自愿服务、个人或联合共同解决兴国发展难题、返乡创新创业等多种形式服务兴国发展很有帮助，同时也希望"兴国创新发展

研究院"能够不断创新工作，真正发挥好桥梁和纽带作用。

7.3.3　调研体会和思考

　　为发挥原中央苏区凝聚农业创新创业人才的作用，有效激发各类创新创业人才的活力，更好地服务于原中央苏区振兴，提出 3 点建议：一是加强跟踪调研。发展"兴国创新发展研究院"这类新型研发机构，是苏区县（市）直面人才工作劣势，打"乡情牌"弥补人才"短腿"的尝试，具有可行性。建议国家和省市科技主管部门组织研究力量，及时了解"兴国创新发展研究院"发展的进展和问题，以便及时为兴国县和原中央苏区其他县（市）发展这类新型研发机构，凝聚创新创业人才提供必要的指导。二是探索支持方式。原中央苏区发展滞后，县（市）基础薄弱，对农产品增值研发机构、农业技术团队等的支持，既需要国家和省市级科技主管部门指导、原中央苏区各级政府加大支持，也需要相关科技主管部门自身创新方式给予重点支持，以促进其健康发展。三是注重典型引路。建议相关科技主管部门借鉴其他地区农业创新发展的先进理念和经验，实现更好发展；同时，努力培育原中央苏区农业特色产业创新发展的成功典型。

第八章 结论与展望

8.1 结论

本书在专项行动试点工作的背景下，采用面向过程的思路，以管理学、经济学和创新理论等基础理论为指导，在大量调查统计和案例研究的基础上，针对提高农业科技成果转化率的问题，从多角度对我国县域农业科技成果转化过程进行了系统的研究。

第一，本书在梳理前人研究成果的基础上，在对专项行动试点工作进行总结分析，将它看作一个由政府主导的特殊的县域农业科技成果转化活动，并将此类县域农业科技成果转化活动界定为无创新源的县域农业产业创新过程。同时通过调查统计分析提出目前我国县域农业特色产业创新资源缺乏、存在机制体制障碍，难以适应农业产业创新的需要。进而通过实地调研分析了我国县域农业特色产业创新的特征。

第二，本书结合专项行动试点工作实地调研，首先借鉴情景依赖的思想，用情景描述的方法先从实践中描述这个过程，分析了参与主体都有哪些、如何分布、起什么作用、有哪些环节、这些环节如何链接等。进而本书从理论上将我国县域农业特色产业创新过程抽象成一个新技术价值增值过程，建立了县域农业特色产业创新模型。

第三，本书在对县域农业特色产业创新模型分析的基础上，提出县域农业特色产业创新过程存在多重困境，结合对专项行动试点工作进展情况的总结，认为专项行动试点工作中的成功经验和做法对突破困境具有很好的借鉴作用，在大量文献资料中提炼出 12 个实例说明了其中的一些典型突破路径。

第四，在总结专项行动试点工作实践的成功经验和做法基础上，对我国县域农业产业创新（即农业新技术成果转化的长效机制建设）提出了相关政策建议。

第五，新时期在县域创新驱动发展的国家战略需求下，通过对湖南省、江西省县域农业创新发展情况进行调研，详细了解县域农业创新发展取得的成绩、面临的问题及县域集聚创新人才等情况，拓宽今后县域创新驱动发展方向，为未来县域创新发展提供借鉴意义。

综上所述，尽管我国在依靠产业创新培育和壮大县域农业特色产业方面已经取得了显著的成效，但仍存在产业技术水平较低、产业技术升级速度缓慢、产业的规模和效益不高等问题。县域农业技术转化是一个多主体参与、多环节链接构成的一个复杂系统过程，也是一个新技术价值增值过程，这个过程存在着多重困境。随着资金的投入、技术组织和农户主体等加入，新技术价值得到逐步增值，产业技术也得到升级，也就实现了依靠县域农业特色产业创新推动县域农业特色产业持续、快速健康发展，最终达到发展县域经济的目的。

8.2 进一步研究展望

本书从县域农业特色产业创新过程的角度对我国县域农业特色产业技术转化和推广过程、主体行为及影响因素问题进行了研究，但是对整个产业创新活动过程的分析还限于框架性的定性分析阶段，缺乏专门的定量分析。

由于研究条件的限制，对我国县域农业特色产业创新的研究还不完整，没有从创新体系的角度进行全方位的分析，目前仅仅是完成了一部分的工作。

由于调研工作没有更进一步地深入，针对不同的困境仅仅给出了典型的突破路径，我国县域农业特色产业创新活动中存在更多困境的突破路径还有待进一步挖掘。

附录 A "科技富民强县专项行动计划"实施方案（试行）

科学技术部　财政部

为贯彻落实全国县（市）科技工作会议精神，依靠科技进步促进农民增收致富，推动县域经济社会发展，科技部、财政部启动"科技富民强县专项行动计划"（以下简称"专项行动"）。为推动专项行动的实施特制定本方案。

一、主要目标

专项行动的总体目标是：把"科教兴国"战略切实落实到基层，依靠科技进步，培育、壮大一批具有较强区域带动性的特色支柱产业，有效带动农民致富和财政增收，促进建立富民强县的长效机制，实现民"富"、县"强"；加快县（市）科技进步，强化县（市）科技公共服务能力，为县域经济社会的全面、协调、可持续发展提供有力的科技支撑。

国家重点在中西部地区和东部欠发达地区，每年启动一批试点县（市），实施一批重点科技项目，集成推广 500 项左右的先进适用技术。通过 3～5 年的努力，支持 300 个左右国家级试点县（市）实施专项行动，以项目为载体，发挥示范引导作用，从整体上带动 1000 个左右县（市）依靠科技富民强县。

通过实施专项行动，试点县（市）应实现以下目标：

（一）提高县（市）转化推广科技成果能力，为县域经济的快速发展提供先进适用的技术成果。

（二）建立健全科技服务体系，提高科技公共服务能力，为基层提供有效的科技服务。

（三）提高农民依靠科技增收致富的能力，提高专项行动重点科技项目辐射区农民人均纯收入的水平。

（四）培育科技型的特色支柱产业，增强龙头企业科技实力和带动农民增收致富能力，壮大县域经济。

二、指导原则

（一）分级管理，地方为主。中央、省（区、市）、地（市）、县（市）分级管理，以省为主，县（市）具体负责组织实施。

（二）统一部署，分步实施。根据各地区域特色和地方科技工作基础，进行整体设计，统一部署，按照进度安排，选择不同类型的、具有示范带动作用的县（市）及重点科技项目，成熟一批，实施一批。

（三）集成资源，突出重点。针对实施专项行动的需求，有效集成中央和地方相关科技、人才、资金等资源，突出重点，供需对接，相互协调，集中力量，共同支持。

（四）因地制宜，有效切入。充分利用适应市场需求、符合当地特色、形式多样的运行模式，调动科研院所、大专院校、专业经济合作组织、龙头企业、农户等各方面积极性，找准专项行动切入点，选准项目，推动农业产业化经营和中小企业集群发展，扩大农民就业空间和增收致富渠道。

（五）财政引导，奖补结合。以财政投入为引导，构建多元化投入机制。调动社会各方参与实施专项行动的积极性，拓宽专项行动的资金来源渠道。

三、重点任务

（一）引进、推广、转化与应用先进适用技术成果。根据当地和重点科技项目的科技需求，有针对性地引进大专院校和科研院所的先进适用技术成果，在示范的基础上，向周围企业和农民辐射推广，使技术成果为农民增收和企业发展发挥有效的作用。

（二）培育和壮大县域特色支柱产业。立足本地资源特色和优势，以重点科技项目为载体，培育和发展县域特色支柱产业，推动中小企业集群发展，创造县域新的经济增长点。

（三）组织开展科技培训。围绕专项行动开展面向广大农民的实用技术培训和面向企业劳动者的技术培训，提高从业人员科技素质和技能，培养一批农村致富带头人和专业技术人员。

（四）加强科技信息网络建设和基层科技服务能力。用 3 年左右的时间，建立面向农村和中小企业的科技信息服务网络体系，集成中央、地方的科技信息资源，完善国家科技信息库，连通省（区、市）、地（市）、县（市）科技信息网络，建立县（市）科技信息服务站，为基层提供方便、快捷、实用的科技信息服务，并带动公共服务平台建设和相关科技服务能力的提高（该项任务将由国家自上而下另行统一组织实施）。

四、遴选要求

国家专项行动试点县（市）的选择须依据重点科技项目的可行性、县（市）和省（区、市）实施科技富民强县的工作基础、环境等方面综合评价，试点县（市）申报内容必须已列入省（区、市）经济和科技发展规划。具体要求如下：

（一）重点科技项目的遴选条件

1. 与县域特色支柱产业和农民增收需求紧密结合，对其他县（市）有一定的示范带动作用。

2. 着眼于延长产业链，带动一定范围的农民增收致富，壮大县域经济，缓解县乡财政困难。

3. 市场前景好，能够调动和吸纳社会投入，并具有符合市场经济要求的项目运行机制。

4. 依托的技术先进成熟，并具有技术转移应用的人才保障和行之有效的成果推广和科技服务体系保障。

5. 承担单位应具备必需的工作基础和能力，能按要求完成任务。

（二）省、地、县的基本要求和条件

1. 制定了符合本地经济和科技发展规划的专项行动方案和相应的政策措施。

2. 科技工作有较好基础，在促进县（市）科技进步、科技成果向县（市）基层扩散转移方面积累了一定的经验。

3. 对科技投入努力程度较高，选准申报的试点县（市）和重点科技项目，对实施专项行动有资金保障。

4. 有组织实施重大科技项目的能力；专项行动实施方案切实可行；组

织管理和运行机制科学规范；党政主要领导直接负责专项行动。

五、组织管理

（一）省级科技部门、财政部门要在本省（区、市）经济和科技发展规划指导下制定专项行动规划，组织试点县（市）及重点科技项目的申报、遴选和实施，协调科研单位与试点县（市）对接，落实省级相关政策和科技资源集成，对科技项目实施进行管理、监督和考核。省级政府应将专项行动作为各省（区、市）科技和经济工作的重要组成部分，并纳入省（区、市）科技规划。

（二）地（市）科技部门、财政部门按照专项行动的有关要求，协调落实相关配套措施，对专项行动实施进行指导和监督。

（三）试点县（市）是专项行动具体实施的落脚点。县（市）主要领导对专项行动实施负直接责任；试点县（市）科技部门、财政部门具体负责相关任务的落实，协调县（市）相关资源和有关部门共同推进专项行动的实施。

科技部、财政部从宏观层面做好专项行动的总体设计，制定具体的管理办法。集成中央相关科技资源，支持专项行动的实施。对专项行动的组织实施及经费使用进行动态跟踪、监督、考核和验收。中央财政将视省（区、市）专项行动的组织实施及投入情况，给予经费补助。

六、保障措施

（一）加强领导。各级政府和相关部门要高度重视，加强领导，认真组织，明确分工，建立、健全责任机制，制定相应的管理办法和考核制度，加强过程管理和监督，切实提高资源的使用效益。各地要成立由主要领导挂帅、相关部门参加的"科技富民强县工作协调领导小组"，下设办公室，办公室设在科技部门，保证专项行动的顺利实施。

（二）保障经费。省（区、市）、地（市）政府要加大对专项行动的投入，有专门的经费保障专项行动的实施；县（市）要结合财力情况，集成相关资源，统筹安排；中央财政设立专项经费，采取奖补相结合的方式，支持专项行动的实施。各级政府要鼓励和引导社会力量加大对专项行动实施和县域经济发展的科技投入，建立多元化的投入渠道。

（三）创新机制。各级政府和相关部门应根据本地情况，大力创新工作

机制，积极引入农业科技专家大院、科技特派员、农村专业协会等成功经验和模式。同时，动员社会各方力量参与，特别是引导国家高新区、高等院校、科研院所和高新技术企业对试点县（市）开展多种方式的科技合作和对口帮扶。

（四）营造环境。地方各级政府和相关部门要根据本地区特点，制定具体的落实措施和办法，加强专项行动的宣传，推广先进工作经验和模式，加强人才队伍建设，促进专项行动的实施。对实施效果显著的县（市）进行表彰，营造全社会共同推进科技富民强县工作的良好氛围，有效地推动县域科技进步和经济社会的协调发展。

附录 B 科技富民强县专项行动计划执行情况调查表

科技富民强县专项行动计划
执行情况调查表（一）

项目名称：_____

试点县（市）名称：_____

实施起止时间：_____

填报时间：_____年_____月_____日

案例调查报告提纲

一、县级科技部门主要开展的相关工作

（一）科技服务机构建立

2006 年年初至今，围绕专项行动支持的产业，县科技部门自建或联合了哪些高校、科研院所等机构共同建立了哪些科技服务机构（农技推广站、实验站、示范基地等），取得了什么样的效果？（请使用数字和论述相结合的方式表述）

（二）科技服务活动开展

2006 年年初至今，围绕专项行动支持的产业，县科技部门自行开展或联合开展了哪些科技服务活动（组织专家或技术员等开展技能培训、科技入户等活动），取得了什么样的效果？（请使用数字和论述相结合的方式表述）

（三）科技引进、推广活动

2006 年年初至今，围绕专项行动支持的产业，县科技部门自行开展或联合其他部门引进、推广了哪些新技术、新品种？取得了什么样的效果？（请使用数字和论述相结合的方式表述）

（四）其他

2006 年年初至今，围绕专项行动支持的产业，除上述 3 类活动之外，县科技部门还开展了哪些活动？取得了什么样的效果？（请使用数字和论述相结合的方式表述）

二、实施专项行动试点工作期间的相关支持

（注：①"相关支持"包括直接经费支持和税收等优惠政策支持；②若多项经费来源投入同一个行动中的同一个具体工作用途，"取得了什么样的效

果"问题可综合为一个回答）

（一）国家级和省级政府方面

1. 2006 年年初至今，围绕专项行动支持的产业，国家级和省级政府分别以何种形式，为本县科技部门提供了多少经费？（按实际到账经费统计）

2. 这些经费分别支持了哪些具体工作？取得了什么样的效果？（请使用数字和论述相结合的方式表述）

（二）地市级政府方面

1. 2006 年年初至今，围绕专项行动支持的产业，市级政府部门分别以何种形式，为本县科技部门提供了多少经费？（按实际到账经费统计）

2. 这些经费分别支持了哪些具体工作？取得了什么样的效果？（请使用数字和论述相结合的方式表述）

（三）县级政府方面

1. 2006 年年初至今，围绕专项行动支持的产业，县级政府部门分别以何种形式，为本县科技部门提供了多少经费？（按实际到账经费统计）

2. 这些经费分别支持了哪些具体工作？取得了什么样的效果？（请使用数字和论述相结合的方式表述）

（四）其他经费来源方面

1. 2006 年年初至今，围绕专项行动支持的产业，其他经费来源渠道（包括银行贷款在内的其他融资渠道）分别以何种形式，为专项行动提供了多少经费？（按实际到账经费统计）

2. 这些经费分别支持了哪些具体工作？取得了什么样的效果？（请使用数字和论述相结合的方式表述）

三、从上述两大部分中的 8 个小问题中，请挑选其中的 4 个小问题，使用数字和论述相结合的方式说明被挑选出来的 8 个小问题在 2001—2005 年的情况。

科技富民强县专项行动计划
执行情况调查表（二）

项目名称：＿＿＿＿＿＿＿＿＿＿＿＿＿＿＿＿＿＿＿＿＿＿＿＿

试点县（市）名称：＿＿＿＿＿＿＿＿＿＿＿＿＿＿＿＿＿＿

实施起止时间：＿＿＿＿＿＿＿＿＿＿＿＿＿＿＿＿＿＿＿＿

填报时间：＿＿＿＿＿＿年＿＿＿＿＿月＿＿＿＿＿日

科技富民强县专项行动计划执行情况编写提纲

1.本省实施专项行动的总体工作部署，省级科技部门发挥的作用；

2.本省为推进专项行动制定的配套政策措施情况、支撑条件建设情况、组织管理等情况；

3.省级相关资金安排及到位情况；

4.主要做法及经验（要对其中具有创新性的做法或措施进行详细描述并用案例说明）；

5.工作过程中存在的问题和解决思路；

6.下一步工作重点及安排。

附：各试点县相关工作总结情况（由各试点县提供）

1.各项任务完成情况；

2.农民增收及县财政增收情况，龙头企业及特色产业发展，科技培训、人才总结及科技成果（包括鉴定成果、专利、标准、新产品、奖励等）情况，科技服务能力提升情况，其他效益情况；

3.试点县（市）在资金、组织管理及人员等方面制定的相关配套措施，试点工作管理体系建设及运行情况，经费筹措及使用情况；

4.试点工作主要做法及经验（要对试点工作中具有创新性的做法或措施进行详细描述并案例说明）；

5.存在问题及下一步工作打算。

附件：

各试点县（市）专项行动执行情况数据表
（包括已结题试点）

试点县（市）名称：＿＿＿＿＿＿

试点批复年度：＿＿＿＿＿＿

附表 B.1　资金来源和支出

经费总额 / 万元					
来源			支出		
科目	数额 / 万元		科目	数额 / 万元	其中：国拨资金
	应到位	实际到位			
国拨资金			新技术、新品种引进费		
省拨款			技术示范推广费		
地（市）拨款			科技服务费		
县拨款			培训费		
单位自筹			其他		
其他资金			其中		
其中					

注：①由于工作开始时间的原因，此表中的经费来源与支出不一定相等。

　　②单位自筹部分，请在表格下方，用备注说明单位性质（如政府、企业、农民合作组织或银行等）。

　　③其他资金部分，请在表格下方，用备注说明来源。

附表 B.2   2007 年科技富民强县专项行动计划执行情况统计表

综合情况		技术情况	
参与试点工作的农民总数 / 人		引进技术 / 项	
人均农民增收 / 元		引进人才 / 人	
财政增收 / 万元		培训人数 / 人次	
新增就业 / 人		新建技术平台 / 个	
专家大院聘请专家数量 / 人		推广新技术 / 亩	
科技特派员参与数量 / 人		推广新品种 / 头、只	
专业技术协会或科技服务机构 / 个		企业当年新产品 / 个	
农业深加工产品销售收入 / 万元		专利申请数 / 项	
农业深加工产品出口创汇额 / 美元		专利授权数 / 项	
特色产业总产值 / 万元		技术服务收入 / 万元	
标准化、无公害、有机或绿色农产品销售收入 / 万元			

注：①附表 B.2 中所有数据均为受到专项行动支持的本县特色产业的相关数据。
　　②新建技术平台指围绕项目支持的主导产业，组建的技术推广服务机构，包括企业的
　　　研发机构、网络信息系统、农民经济技术合作组织等。

附录 C 2004 年全国县（市）科技工作调查问卷

[由县（市、区）科技管理部门填报]

部门名称（盖章）：_____

部门负责人（签章）：_____

填表人（签章）：_____联系电话：_____

上报时间：_____年_____月_____日

科学技术部发展计划司

二〇〇四年二月

填报说明

一、调查目的：了解和摸清全国县（市、区）科技工作的基本情况，以利于加强和全面推进县（市、区）科技工作。调查结果不用于统计以外的目的。

二、调查范围：全国县（市、区）县域范围内的科技工作，不仅仅限于科技管理部门开展的工作。

三、报告期：除特别注明的外，为 2003 年 1 月 1 日—2003 年 12 月 31 日。

四、组织实施方式：由县（市、区）科技管理部门（或行使科技管理职能的有关单位）组织相关部门填报。

五、填报要求

1. 请按要求认真如实填写，任何单位和个人不得虚报、瞒报、迟报。

2. 调查问卷上报时，必须由本部门负责人签章确认，并盖部门公章。

3. 要求用钢笔填写，字迹工整，数字用阿拉伯数字，文字用汉字。

4. 所有项目不得空填、漏填。对于选择性项目，在所选答案的（）内打"√"。对于数值填报项目，如某项指标值没有，填"0"。如某个表或问题的内容不发生，请在该表或问题的右上方注明"不发生"。

5. 县（市、区）名称必须与公章一致。

六、主要指标说明

1. 科技部门：包括科技管理部门、科协。

2. 农林水部门："农"指农、牧、渔业等部门"林"指林业部门，"水"指水利部门。

3. 县属及县属以下单位：指县属及县属以下的各类所有制的单位，也包括无主管单位。

一、县（市、区）社会经济基本情况（从统计部门获取数据）

1.1 所在地：

_____省（市、自治区）_____市（地区）_____县（市、区）

县（市、区）行政区划代码

1.2 县（市、区）人口状况　　　　　　　　　　　　单位：万人

年末总人口	乡村人口	年末从业人员	乡村从业人员	农林牧渔劳动力

1.3 县（市、区）经济状况　　　　　　　　　　　　单位：亿元

GDP	第一产业/%	第二产业/%	第三产业/%	全县财政收入	全县财政支出	基建投资

1.4 县（市、区）城乡居民人均收入　　　　　　　　单位：元/人

农村居民人均纯收入	城镇居民人均收入

二、科技管理机构

2.1 科技管理部门的机构设置

（1）县（市、区）科技管理部门的机构设置：

　　（A）独立（　　）　　　　（B）非独立（　　）

（2）县（市、区）科技管理职能设置在以下部门

　　（A）科技局（　　）　　　　（B）农业局（　　）

　　（C）科教局（　　）　　　　（D）其他（　　）

如选择"其他"，请填写具体名称：_____

（3）机构性质：行政机关（　　）　　　　事业单位（　　）

（4）若与其他部门合并，科技管理部门在其中的地位：

（A）主导（　　）　　　　　　（B）非主导（　　）

2.2　是否成立了县（市、区）科技工作领导小组

（A）是（　　）　　　　　　（B）否（　　　）

2.3　县（市、区）的科技分管领导，还分管哪些部门的工作（可多选）

（A）经济（　　）　　　　　　（B）农业（　　）

（C）教育卫生文化（　　）　　（D）其他（　　）

如选择"其他"，请填写具体名称_____

三、技术开发与技术服务机构

县属及县属以下技术开发与技术服务的单位数　　　　　单位：个

	技术开发机构	技术服务机构						
	其中：民办	推广机构	孵化器	科技示范园区	技术市场	专业协会	生产力促进中心	其他机构
合计								
科技部门								
农林水部门								
其他部门								

注：①所统计的单位应具有公共服务功能，包括县级政府各部门所属的、挂靠县级政府部门的、在县级有关部门注册的3类技术开发与技术服务单位。不包括地（市）级及以上部门所属单位。

②如果一个单位有多种功能或几块牌子一套人马，请按最主要的功能或活动统计到一类单位中。

③"其他部门"指经济、气象、教育、卫生、技术监督等部门。

④本表由基础信息表（详见附件1）汇总而成，基础信息表不需要上报。

四、科技队伍

4.1 县（市、区）科技管理部门人员情况
单位：人

总人数	人员配置				学历				职称			
	局长	副局长	一般干部	其他	本科及以上	大专	中专	中专以下	高级	中级	初级	其他

注：科技管理部门人员，仅填履行科技管理职能的有关人员情况。

4.2 县（市、区）科技管理部门下属单位人员情况
单位：人

	总人数	学历				职称				年龄			
		本科及以上	大专	中专	中专以下	高级	中级	初级	其他	50以上	40|49	30|39	29以下
合计													
技术开发机构													
技术推广机构													
科技信息机构													
其他机构													

注：下属单位是指隶属于科技管理部门的单位。包括事业性质的科技管理部门当中不履行科技管理职能的相关人员。

4.3 县属及县属以下单位专业技术人员情况
单位：人

	学历				职称			
	本科及以上	大专	中专	中专以下	高级	中级	初级	其他
合计								
农业技术人员								
工程技术人员								
科学研究人员								

续表

	学历				职称			
	本科及以上	大专	中专	中专以下	高级	中级	初级	其他
卫生技术人员								
教学人员								
其他技术人员								

注：①专业技术人员也包括非公有制经济单位人员，可从人事等部门获取数据。

②不包括本地区地（市）级及以上部门所属单位人员。

③不包括党政机关人员。

五、县（市、区）科技经费

本级财政 2003 年度科技拨款　　　　　　　　　　　　单位：万元

	财政科技拨款合计	科技三项费	科学事业费	科技基建费	其他
总额					
其中：科技管理部门支配					

注：要求与在科技部、财政部《地方财政科技拨款年报表》中上报的数据一致。

补充材料：有财政科技项目经费支出的乡镇_____个数、_____总乡镇_____个数。

六、科技工作条件

6.1 县（市）科技管理部门办公条件

占用办公室面积（平方米）	电脑（586 以上）（台数）	是否上网	汽车（台）	其他设备（台/套）（请用文字说明）

注：①县（市）办公面积是指科技管理部门占用办公室面积。

②部门合并的，仅填与科技管理工作有关的办公条件。

③其他设备，主要统计购置价值为万元以上的设备。

6.2 当地电信部门是否经营因特网业务　是（　）　　否（　）

6.3 县（市、区）科技信息化情况

（1）为提供科技信息服务，科技管理部门获取（搜集）信息的渠道（按重要程度，将相应的字母依次填入方格内，最多可选3项）

　　（A）电视　（B）广播　（C）书刊　（D）网络　（E）其他

如选择了"E"，请具体说明：＿＿＿＿＿＿＿＿＿＿＿＿＿

（2）科技管理部门提供科技信息服务的主要渠道是（按重要程度，将相应的字母依次填入方格内，最多可选3项）

　　（A）电视　（B）广播　（C）书刊　（D）网络　（E）其他

如选择了"E"，请具体说明：＿＿＿＿＿＿＿＿＿＿＿＿＿

（3）本县（市、区）是否建立了自己的科技信息网站　是（　）　否（　）

如选择"否"，请跳到问题6.4；如选择"是"，请继续回答下列问题。

（4）是否有专人或机构负责维护和更新信息　是（　）　否（　）

（5）是否建立了专门机构[如县（市、区）科技信息网络中心]　是（　）否（　）

（6）请填写本科技信息网站在本地的服务范围

范围	乡镇	村
信息员覆盖率/%		

注：信息员覆盖率计算公式为有信息员的乡镇（或村）个数/乡镇（或村）总数×100%。信息员是指搜集与传播信息的专门人员。

（7）请指出本科技信息网络连接基层单位的主要路径

　　（A）电话线（　）　　（B）专用网络（　）　　（C）其他（　）

如选择"其他"，请具体说明：＿＿＿＿＿＿＿＿＿＿＿＿＿

注：专用网络也包括电信部门的公用网络。

6.4 县（市、区）有关部门从县域外引进科研和生产技术人才

单位：人

所服务的行业	总人数	高级	中级	初级	其他
合计					
农、林、牧、渔业					
采矿业					
制造业					
建筑业					
科学研究、技术开发					
其他行业					

注：①从县（市、区）科技、人事、农林水等有关部门获取数据。

②不包括地（市）级及以上部门所属单位引进人员。

6.5 县属及县属以下单位科技基础设施建设状况

	固定资产投入（2001—2003 年）/ 万元		科技示范基地 / 个		科技场馆数量 / 个	
		其中：土建		其中：2001—2003 年新建		其中：2001—2003 年新建
合计						
农林水部门						
科技部门						
其他部门						

注：①本表统计范围：为公众科技活动提供服务的设施。

②固定资产投入不包括科技部门的办公设施。

③科技场馆：指科技馆、科技活动中心、科技类展览馆、科技类图书馆等场馆。

④科技示范基地：包括与生产、科研有关的示范园（区）与基地等（不包括开发区）。

⑤不包括地（市）级及以上部门所属单位建立的科技基础设施。

七、科技工作成效

7.1 县属及县属以下单位获得科技奖励情况

单位：个

	合计	省部级		地（厅）级	其他
		其中：科技进步奖			
2001—2003 年					
其中：2003 年					

注：①从县（市、区）科技部门，农林水等有关部门获取数据。

②一项奖在同一个县（市、区）如有多部门参加仅计为一项，不得重复计算。

③不包括地（市）级及以上部门所属单位获得的奖项。

④计划单列市、副省级城市的奖励此次调查填于地（厅）级。

7.2 县（市、区）科技型企业情况（2003 年）

	企业数 /个	总资产 /万元	从业人员 / 人		销售额 /万元	技术开发经费 /万元
				其中：技术开发人员		
合计						
国有						
民营						
其他						

注：统计范围为包括县级及县级以上认定（或相当于认定）的科技型企业或高新技术企业，不包括地（市）级及以上部门所属企业。

7.3 县（市、区）有关部门近年组织承担的科技项目情况（2001—2003 年）

项目来源			项目数 / 个	到位经费 / 万元
合计				
政府部门	国家			
		其中：科技部		
	省（市、区）			
	地（市）			
	县（市、区）			

项目来源	项目数 / 个	到位经费 / 万元
其他		

注：①从县（市、区）科技部门、农林水等有关部门获取数据。

②由附件 2 生成。

7.4　县（市、区）科技管理部门近年组织承担的科技项目情况（2001—2003 年）

项目来源			项目个数 / 个	到位经费 / 万元
合计				
政府部门	国家			
		其中：科技部		
	省（市、区）			
	地（市）			
	县（市、区）			
其他				

注：由附件生成。

7.5　县（市、区）有关部门及单位科技成果推广与技术推广情况（2003 年）

	推广项数 / 项	投入人数 / 人次	投入经费 / 元	培训人数 / 人次	推广面积 / 亩
合计					
农林水部门					
科技部门					
其他部门					

注：①推广面积仅限于农、林业科技成果和技术。可从科技管理部门和农、林业部门等有关部门获取数据。

②不包括地（市）级及以上部门所属单位的科技成果推广与技术推广。

八、加强县（市）科技工作的建议（简要回答）

8.1 县（市）科技工作的主要职能应是：

8.2 县（市）科技工作的定位应是：

8.3 上级科技计划对推动县（市）科技工作和促进经济发展方面起到了何种作用：

8.4 哪些科技计划对推进地方经济发展和加强县（市）科技工作作用较大，请按顺序列举：

8.5 加强县（市、区）科技工作的建议：

附件 1：

县属及县属以下技术开发与技术服务的
单位数（基础信息表）

填表部门名称：

机构名称	技术开发机构		技术服务机构						
		其中：民办	推广机构	孵化器	科技示范园区	技术市场	专业协会	生产力促进中心	其他机构

注：①按照机构的种类在相应的格内打"√"。

②所统计的单位应具有公共服务功能，也包括无主管单位，但不包括地（市）级及以上部门所属单位。

③如果一个单位有多种功能或几块牌子一套人马，请按最主要的功能或活动统计到一类单位中。

④技术开发机构：指县（市、区）的科学研究与技术开发机构。

⑤"其他部门"指气象、教育、卫生、技术监督等部门。

⑥表格如行数不够，可自行增加行或续表。

附件 2:

县（市、区）有关部门近年组织承担的
科技项目情况基础信息表（2001—2003 年）

部门名称：_____所在地：_____省（市、自治区）_____市
（地区）_____县（市、区）_____填表人_____

序号	项目名称	项目组织部门	项目来源（打"√"）					项目经费来源（万元）					
			国家	省级	地级	县级	其他	总经费	国家	省级	地级	县级	其他
1													
2													
3													
4													
5													
6													
7													
8													
9													
10													
11													
12													
13													

注：①若一个项目列入多个计划，项目来源可多选，但一个项目只填一次，经费不能重复填。

②来源于计划单列市、副省级城市的项目，此次调查项目来源与项目经费来源填于地级。

③项目组织部门：科技部门，填写"1"；农林水部门，填写"2"；经济部门，填写"3"；其他部门，填写"4"。

④表格如不够，请自行复制。

参考文献

[1] ALEXANDER FINK，OLIVER SCHLAKE. Scenario management an approach for strategic foresight [J]. Competitive intelligence review，2000，11（1）：37-45．

[2] BAN A W V D，HAWKINS H S. Agricultural extension.[J]. Science，2007，45（4）：161.

[3] BERT METZETAL. Methodological and technological issues in technology transfer[M].London：Cambridge University Press，2000.

[4] GILBERTAL. Using multiple scenario analysis to map the competitive futurescape: a practice-based perspective[J].Competitive intelligence review，2000，11（2）：207-213.

[5] MALERBA F. Sectoral systems of innovation and production[J].Research policy，2002，31（2）：247-264.

[6] REINHARD MADLENER. Innovation diffusion，public policy，and local initiative：the case of wood-fuelled district heating systems in Austria[J].Energy policy，2007，3：1992-2008.

[7] SMITA SRINIVAS. Industrial development and innovation：some lessons from vaccine procurement[J].World development，2006，10：1742-1764.

[8] YON SEUNG-HOON. Public R&D expenditure and private R&D expenditure：a causality analysis[M].Applied economics letters，2004（1）：711-714．

[9] 艾世民，江高梦.江西余干县渔业产业化水平节节攀高[J].渔业致富指南，2013（16）：13-14.

[10] 陈劲. 完善面向可持续发展的国家创新系统 [J]. 中国科技论坛，2000（2）：23-25.

[11] 陈先运. 寻求跨越县域经济协调发展研究 [M]. 济南：山东大学出版社，

2008：17-19.

[12] 陈瑜，左停，苟天来.县域经济研究概况综述 [J].经济论坛，2006，23：28-31.

[13] 迟晓英，宣国良.价值链研究发展综述 [J].外国经济与管理，2000（1）：25-30.

[14] 地方科技工作发展战略研究课题组.切实加强地方县市科技工作推进全面建设小康社会进程：地方县（市）科技工作调研报告 [J].中国科技论坛，2004（2）：13-18.

[15] 丁振京.路径依赖与农业科技推广体制改革 [J].经济问题，2000，9：39-40.

[16] 董宏林，温淑萍，杨晓洁.不同类型的农业科技成果评价指标体系的建立 [J].农业科技管理，2006（2）：79-82，96.

[17] 杜华章，蒋植宝，王义贵.现代化农业科技服务体系建设研究 [J].农业系统科学与综合研究，2002，2：131-134.

[18] 顾仲阳.怎样选好做强特色农业 [N].人民日报，2009-12-06（005）.

[19] 郭建强，冯开文.农业科技成果转化基本模式比较 [J].中国软科学，2010（s1）：133-137.

[20] 国家农业综合开发办公室.国家农业综合开发县管理暂行办法 [A/OL].（2015-12-25）[2018-03-23].http://nfb.mof.gov.cn/zhengwuxinxi/zhengcefabu/zongheguanlilei/201601/t20160105_1643484.html.

[21] 侯立自，李新然.农村发展研究方法 [M].北京：中国农业出版社，2004.

[22] 黄莉莉，史占中.国外农业科技成果转化体系比较及借鉴 [J].安徽农业科学，2006，34（1）：151-153.

[23] 黄文炎.当前县域农业经济发展存在的问题及对策 [J].农村经济，2004，10：43-45.

[24] 季华员，刘林秀，李海琴，等.浅谈农业科研院所科技成果转化存在的问题及对策 [J].农业科技管理，2013，32（4）：63-65.

[25] 加快科技成果转化推进现代农业产业化进程：新疆农业科技成果转化资金十年历程 [J].中国农村科技，2011（12）：32-35.

[26] 江丽.河南省县域特色农业发展的对策研究 [J].农业经济，2016（11）：15-16.

[27]　江苏省农业产业发展研究中心课题组，张玉庆.江苏县域农业产业综合竞争力十强县（市）发展经验与启示 [J].江苏农村经济，2012（12）：77-79.

[28]　姜长云.创新驱动视野的农业发展方式转变 [J].改革，2015（12）：83-93.

[29]　康健.资源获取视角下战略性新兴产业创新能力提升 [J].科研管理，2017，38（s1）：39-45.

[30]　李国祥.加速我国农业技术创新面临的几个问题 [J].农业经济问题，1999，11：58.

[31]　李容.市场失效与农业技术创新激励 [J].农业技术经济，1997，5：25-27.

[32]　李文伟，邱凤鸣.农业科技成果转化机制探析 [J].安徽农业科学，2009，37（36）：8201-8203.

[33]　廖西元，申红芳，朱述斌，等.中国农业技术推广管理体制与运行机制对推广行为和绩效影响的实证：基于中国 14 省 42 县的数据 [J].中国科技论坛，2012（8）：131-138.

[34]　林涛，胡宝民.创新发展思路：欠发达县特色产业迎来历史机遇 [J].中国农村科技，2008，4：66-68.

[35]　林涛，李子彪，胡宝民，等.县域特色产业创新过程特征研究：以国家"科技富民强县专项行动计划"试点县（市）为例 [J].中国软科学，2009（1）：168-174，181.

[36]　刘冬梅，毛学峰，李秀敏.对县域科技创新路径的再认识：关于"院县共建"模式的思考 [J].中国科技论坛，2012（8）：120-125.

[37]　柳卸林.技术创新经济学 [M].北京：中国经济出版社，1993：91-93.

[38]　栾美晨.农业科技成果推广中的信息服务策略 [J].合作经济与科技，2015（9）：14-16.

[39]　毛学峰，孔祥智，辛翔飞，等.我国"十一五"时期农业科技成果转化现状与对策 [J].中国科技论坛，2012（6）：126-132.

[40]　潘冬梅，李仁刚，刘春全.加强科技平台建设，促进农业科技成果转化 [J].华中农业大学学报（社会科学版），2010（4）：112-115.

[41]　潘宪生，王培志.中国农业科技推广体系的历史演变及特征 [J].中国农史，1995，14（3）：94-99.

[42]　秦德智，邵慧敏.我国农业产业结构调整动因分析：基于扩展的柯

布—道格拉斯生产函数 [J]. 农村经济，2016（5）：59–63.

[43] 申茂向，尹昌斌，邱建军. 实施"科技富民强县"专项构建和谐社会 [J]. 中国科技论坛，2005（5）：3–7.

[44] 申茂向. 地方科技工作发展战略研究 [M]. 北京：科学技术文献出版社，2006：23–29.

[45] 沈东珍. 区域优势农业特色产业发展新路径探析 [J]. 南方农业，2019，13（2）：125–126.

[46] 施湘锟，林文雄，谢志忠. 福建省海水养殖业科技成果转化金融支持研究 [J]. 科技管理研究，2015（6）：35–39.

[47] 宋德军. 中国农业产业结构优化与科技创新耦合性评价 [J]. 科学学研究，2013，31（2）：191–200.

[48] 谭华，孙炜琳. 科技金融结合的"政银企"模式：青海省推进农业科技成果转化中科技金融结合的创新实践 [J]. 中国农村科技，2012（12）：64–69.

[49] 谭宇，陈攀. 我国县域经济发展文献述评 [J]. 经济论坛，2009，1：90–93.

[50] 汤吉军，郭砚莉. "三农问题"的制度经济学分析 [J]. 经贸研究，2004，1：1–6.

[51] 唐珂. 依靠科技创新加快转变农业发展方式 [J]. 农业科技管理，2015，34（5）：1–5.

[52] 涂俊，吴贵生. 县域农业创新系统：以莱州市为例 [J]. 农业经济问题，2005，1：61–65.

[53] 万国超，曹邦英，全晓艳. 农业科技成果转化创新绩效评价：以四川省为例 [J]. 江苏农业科学，2019，47（12）：320–324.

[54] 王敬华，贾敬敦. 创新农业科技成果转化资金管理机制研究 [J]. 科技管理研究，2012（17）：125–127.

[55] 王军. 县域经济研究进展综述 [J]. 清江论坛，2008，2：1–3，6.

[56] 王青，于冷. 基于科技采纳认知与决策的农业科技服务机制 [J]. 上海管理科学，2015（2）：1–5.

[57] 王生林，马丁丑. 农业科技成果转化的经济学分析与思考 [J]. 农业技术经济，2006（2）：52–55.

[58] 王伟光，冯荣凯，尹博. 产业创新网络中核心企业控制力能够促进知识溢出吗 [J]. 管理世界，2015（6）：99–109.

[59] 王云峰.农业科技成果转化途径与模式研究 [D].咸阳:西北农林科技大学，2004.

[60] 王振华，孙学涛，李萌萌，等.中国县域经济的高质量发展：基于结构红利视角 [J].软科学，2019，33（8）：68-72.

[61] 魏远竹，张春霞，叶莉.新农村建设中的农业科技成果推广与转化：以福建省为例 [J].科技和产业，2009，9（9）：4-10.

[62] 吴贵生，李纪珍.关于产业技术创新的思考 [J].新华文摘，2000，3：23-24.

[63] 吴敬琏.以深化改革确立中国经济新常态 [J].探索与争鸣，2015（1）：68-72.

[64] 吴妤，张艳华，汤丽.基于项目集成管理的农业科技成果转化机制研究 [J].科技管理研究，2009，29（6）：71-73.

[65] 肖娴，毛世平，孙传范，等.农业科技成果转化效率测度及分析 [J].中国科技论坛，2015（8）：139-144，149.

[66] 徐英华.县域经济与特色农业 [J].甘肃农业，2004，1：6-8.

[67] 许振文，孙鹏，郑直.伊通县域农业结构调整的初步探究 [J].长春师范学院学报（自然科学版），2009，28（10）：70-74.

[68] 宣锋，费广凡.浅议我国农业科技成果转化率低下的原因及对策 [J].甘肃农业，2011（1）：36-37.

[69] 薛澜，陈玲，王刚波，等.中美产业创新能力比较：基于对 IC 产业的专家调查 [J].科研管理，2016，37（4）：1-8.

[70] 尹昌斌.实施科技富民强县促进县域经济发展 [J].中国农村科技，2007，11：52-55.

[71] 于新凯，李子彪，张爱国.河北省县域农业特色产业现状、问题及对策 [J].农业经济，2010（6）：19-21.

[72] 于永德，胡继连.农业科技成果转化研究综述 [J].农业科技管理，2003，6：10-12.

[73] 于中涛，麻艳霞.农业现代化与农业科技成果转化 [J].农业经济，1997，6：30-31.

[74] 张红霞，俞建飞，毛卫华.中外政府在农业科技创新体系中的作用比较 [J].科学学与科学技术管理，2004，1：107-110.

[75] 张琳，吴敬学，王敬华，等.我国农业科技成果转化资金绩效评价研

究 [J]. 中国科技论坛，2014（5）：149-154.

[76] 张茗朝，姜会明.吉林省农业产业结构优化的困境与对策[J].经济纵横，2016（7）：74-78.

[77] 张曙光.场主导与政府诱导：评林毅夫的《新结构经济学》[J].经济学（季刊），2013，12（3）：1079-1084.

[78] 张素."数"解中国十二五农业农村科技成果 [EB/OL].（2016-03-01）[2018-07-21].http://www.chinanews.com/cj/2016/03-01/7779251.shtml.

[79] 张天柱.县域现代农业规划与案例分析 [M].北京：中国轻工业出版社，2015.

[80] 张学军.农业科技成果转化若干理论问题探析：基于新制度经济学视角 [J].中国科技论坛，2007（5）：118-121.

[81] 张耀辉.产业创新：新经济下的产业升级模式 [J].数量经济技术经济研究，2002（1）：14-17.

[82] 张亦诚，陈古强.基于系统论的农业科技成果推广体系建设 [J].农业科技管理，2010，29（3）：66-69.

[83] 张雨.农业科技成果转化率测算方法分析 [J].农业科技管理，2006，25（3）：34-37.

[84] 张治河，胡树华，金鑫.产业创新系统模型的构建与分析[J].科研管理，2006（2）：36-39.

[85] 赵蕾，林连升，杨宁生，等.综合评价方法在中国水产科学研究院科技成果转化率研究中的应用构想 [J].科技管理研究，2011，31（6）：42-45.

[86] 赵小平.浅谈农业特色产业之路[J].甘肃农业，2005，10：76.

[87] 赵志耘，杨朝峰.转型时期中国高技术产业创新能力实证研究 [J].中国软科学，2013（1）：32-42.

[88] 郑风田.加大"两低"整改力度大幅提高我国农业科技成果转化率[J].科技成果纵横，2009（4）：18-19.

[89] 郑焕斌，汤世国.科技成果转化机制和政策研究 [J].科学决策，2001，3：7-12.

[90] 郑秋鹏，郭翔宇，李丹，等.社会化农业科技服务体系模式框架与实施策略 [J].农业经济，1999，1：40-41.

[91] 中华人民共和国科学技术部.科技创新澎湃农业发展新动能：解读

2017 年中央一号文件 [EB/OL].（2017–02–13）[2018–07–30]. http://www. most. gov. cn/kjbgz/201702/t20170210_130875.htm.

[92] 周振兴，王卉卉，韩梅 . 加强农业原始创新提高农业产业科技竞争力：透视江苏农业科技原始创新与成果转化应用能力 [J]. 农业科技管理，2008，27（6）：78–82.